शेर-ए-गढ़वाल

आजादी के आंदोलन के
एक गुमनाम नायक की कहानी

AF668296

शेर-ए-गढ़वाल

आजादी के आंदोलन के
एक गुमनाम नायक की कहानी

क्रांति नौटियाल

प्रतिभा प्रतिष्ठान, नई दिल्ली

प्रकाशक : प्रतिभा प्रतिष्ठान,
694–बी (निकट अजय मार्केट), चावड़ी बाजार, दिल्ली–110006
सर्वाधिकार : सुरक्षित / संस्करण : प्रथम, 2023 / मूल्य : तीन सौ रुपए
मुद्रक : आर–टेक ऑफसेट प्रिंटर्स, दिल्ली ISBN 978-81-19032-02-0

SHER-E-GARHWAL *by* Shri Kranti Nautiyal ₹ 300.00
Published by **PRATIBHA PRATISHTHAN**
694-B (Near Ajay Market), Chawri Bazar, Delhi-110006

अनेक गुमनाम स्वतंत्रता सेनानियों सहित
दादी श्यामा देवी और माँ सरिता देवी नौटियाल जैसी
उन तमाम वीर नारियों को समर्पित जिन्होंने गृहस्थी की नौका
इस तरह चलाई कि उनके क्रांतिकारी जीवनसाथी पार उतर
कर बुलंदी तक पहुँच पाए।

भूमिका

इस आत्मकथात्मक पुस्तक का आधार दस्तावेज स्वयं कप्तान रामप्रसाद नौटियाल ने गढ़वाल प्रिंटिंग प्रेस के जगमोहन सिंह रावत को लिखकर दिया था। दस्तावेज के सृजन के दौरान ही कप्तान साहब बीमार रहने लगे और इससे पूर्व कि यह शानदार वृत्तांत समग्र रूप से लिपिबद्ध हो पाता, कप्तान साहब की सांसारिक यात्रा पूरी हो गई। जगमोहन सिंह रावत ने उक्त दस्तावेज को अलकनंदा के संपादक श्री योगेश पांथरी को यह कहते हुए सौंप दिया कि नौटियालजी की इच्छा थी कि इसका संपादन पांथरीजी ही करें।

वर्ष 1980 से वर्ष 2015 तक लगभग 35 वर्ष यह दस्तावेज योगेशजी के पास सुरक्षित रहा। इस बीच उनका संपर्क कप्तान रामप्रसाद नौटियाल के भतीजे और 'शेर-ए-गढ़वाल स्मृति मंच' के संरक्षक तथा पृथक् उत्तराखंड राज्य आंदोलन में अपने जीवन का महत्त्वपूर्ण कालखंड समर्पित कर देनेवाले सम्मानित राज्य आंदोलनकारी, श्री नंदकिशोर नौटियाल से हुआ।

नंदकिशोरजी ने वर्ष 2016 में उक्त दस्तावेज के मुद्रण और प्रकाशन की व्यवस्था की और इसकी कुछ प्रतियाँ सुधिजनों की टिप्पणियों और प्रतिपुष्टि हेतु वितरित कीं।

वास्तव में, कप्तान रामप्रसाद नौटियाल ने जब यह दस्तावेज टंकित करवाया तब वे बीमार चल रहे थे और उनकी आँखों की रोशनी भी कम

हो चली थी। अचानक कप्तान साहब की मृत्यु के बाद, चूँकि योगेश जी का आग्रह था कि उक्त दस्तावेज को यथावत प्रकाशित किया जाए, अत: उसमें काफी कुछ अपर्याप्त रह गया।

वर्ष 2016 के बाद से अब तक छह वर्ष का समय बीत चुका है। इन कुछ वर्षों में उक्त दस्तावेज में वर्णित आख्यानों का तमाम संदर्भ साहित्य के साथ तुलनात्मक अध्ययन करने और रामप्रसादजी के पैतृक गाँव कांडा, पट्टी खटली, सबली, गुजड़ू आदि के तमाम विद्वानों से विचार-विमर्श करने के साथ-साथ कप्तान साहब के इर्द-गिर्द घूमते विभिन्न आख्यानों को जोड़कर काफी कुछ सामाग्री एकत्र की गई।

एक अच्छी बात यह भी रही कि कप्तान रामप्रसाद नौटियाल के भतीजे नंदकिशोर नौटियाल का कॉलेज जीवन कप्तान साहब की छत्रच्छाया में ही पूरा हुआ और उन्होंने गढ़वाल में भारतीय स्वतंत्रता संग्राम से जुड़े हुए विभिन्न छोटे-बड़े किस्से स्वयं रामप्रसादजी के मुख से सुने तथा 'शेरे-ए-गढ़वाल स्मृति मंच' की ओर से काम करते हुए ऐसे तमाम संस्मरण एकत्र किए और प्रकाशित करवाए।

इस पुस्तक को अंतिम रूप देने से पूर्व तमाम विद्वान् लेखकों द्वारा लिखित पुस्तकों और लेखों का संदर्भ साहित्य के रूप में यथा संभव अध्ययन किया गया है। तथापि, यदि भूलवश कोई त्रुटि रह जाती है, तो कृपया भूल सुधार हेतु यथाशीघ्र संपर्क करें।

आजादी की लड़ाई के एक गुमनाम नायक के जीवंत और लोमहर्षक वृत्तांतों से भरी यह पुस्तक अब पाठकों के हाथों में है। नई पीढ़ी अपने नायक को किस प्रकार याद रखती है, यह उसके विवेक पर छोड़ा जाता है।

पुस्तक यात्रा

इस कहानी से मेरा परिचय मेरे अक्षर ज्ञान प्राप्त करने से पहले ही हो चुका था। तब पत्थरों और सिलेटी खपरैलों (पहाड़ में जिन्हें पट्‌वला कहा जाता है) से बने हमारे घर की सामने की दीवार पर चली अंग्रेज फौज की गोलियों के किस्से हमारे पूरे गाँव में आम थे।

ये किस्से मेरे दस-पंद्रह वर्ष की आयु प्राप्त करते-करते खामोश होने लगे थे, क्योंकि वह पीढ़ी, जो वर्ष 1930-50 में किशोर या युवा रही होगी या इन घटनाओं के ठीक बाद पैदा हुई होगी, अब अपनी सांसारिक यात्रा पूरी कर चुकी थी और उनके साथ ही भारतवर्ष की स्वतंत्रता के लिए ब्रिटिश सेना की नौकरी छोड़कर, उत्तराखंड के गढ़वाल-कुमाऊँ में भारत की आजादी के आंदोलन को थोकदारों और मालगुजारों से लेकर आम जनमानस तक पहुँचाने वाले हमारे इस नायक की कहानी भी खामोश हो चुकी थी। आजादी के बाद चीन, नेपाल और भूटान से लगने वाली देश की दुर्गम सीमाओं का सीमांकन करने वाला यह कर्मयोद्धा गुमनामी की सीमारेखा में बँध गया। गढ़वाल को बैंकिंग और सड़क से जोड़ने वाले कप्तान रामप्रसाद नौटियाल का स्मृतियों से संपर्क टूट गया।

आने वाली पीढ़ियाँ कृतघ्न होंगी और भूलने-भुलाने में देर नहीं लगाएँगी, शायद यह बात उस कप्तान को पता थी और शायद इस डर से भी कि सशस्त्र रहने के कारण कहीं उनको भगत सिंह और चंद्रशेखर आजाद की तरह आतंकवादी न बता दिया जाए, वह अपने एक पत्रकार

मित्र को मोटे तौर पर अपना कुछ वृत्तांत लिखा गए थे। संयोग देखिए कि वह भी 40 वर्ष तक कहीं कागजों में दबा रह गया।

जो कप्तान साहब ने स्वयं कहा, जो मैंने परिवार और गाँव में सुना और जो दस्तावेज मेरे हाथ लगे, वही तथ्य रूपी धागे हैं, जिनसे यह पुस्तक बुनी गई है। कुल मिलाकर इस पुस्तक का लेखक और प्रस्तोता स्वयं 'कप्तान रामप्रसाद नौटियाल' को, स्वतंत्रता आंदोलन के दौरान जेल में उनके द्वारा बिताए गए दिनों को, इस संघर्ष में अंग्रेज अधिकारियों द्वारा उनको दिए गए घावों को और उनके साथ कंधे से कंधा मिलाकर अंग्रेजों के अत्याचारों के विरुद्ध डटकर लड़नेवाले हजारों स्वतंत्रता संग्राम सेनानियों को ही माना जाए।

14 अप्रैल, 2023

—क्रांति नौटियाल

अनुक्रम

1

नयार से लाहौर तक

वर्ष 1928 को पूस माह की हवा जितनी सर्द थी, लाहौर का पारा उतना ही गरम था। जॉन सॉन्डर्स की हत्या के बाद अंधाधुँध गिरफ्तारियों का दौर चल पड़ा था। धरपकड़ के उस दौर में मैं लाहौर कांग्रेस में सक्रिय था। जैसे ही मुझे लाहौर छोड़ने का इशारा मिला, मैं तुरंत पठानकोट होते हुए हिमाचल की ओर निकल पड़ा। वहाँ शाहपुर में गिरफ्तार होने से पूर्व, मैं कई दिनों तक फरार रहा। पुलिस मुझे ढूँढ़ते-ढूँढ़ते मेरे साथ रहकर ओरिएंटल कॉलेज, लाहौर में अध्ययनरत मेरे छोटे भाई बलीराम को गिरफ्तार करके ले गई।

बलीराम एक जागरूक छात्र था, पढ़ाई करते-करते प्राय: मेरे साथ कांग्रेस के परचे भी बाँट लिया करता था; हालाँकि, वह सक्रिय और सशस्त्र आंदोलन में प्रकट तौर पर कभी शामिल नहीं रहा, किंतु वह समय ही ऐसा था कि आप तटस्थ नहीं रह सकते थे और लाहौर जैसे शहर के कॉलेजों के विद्यार्थी होते हुए तो कदापि नहीं।

लाहौर स्थित केंद्रीय कारागार, जहाँ अनेक स्वतंत्रता सेनानी बंद रहे (साभार : इंटरनेट मीडिया)

उसे गिरफ्तार किया जा चुका है, मुझे इस बात की जानकारी नहीं थी और जब मुझे भी लाहौर के उसी केंद्रीय कारागार में ले जाया गया, तो इतनी बड़ी जेल में वह न जाने किस कोठरी में बंद था और मैं न जाने कहाँ।

21 दिसंबर को मैं जेल से रिहा हुआ और सीधे रावी नदी के तट पर पहुँचा, जहाँ भारतीय राष्ट्रीय कांग्रेस का 44वाँ अधिवेशन आरंभ हो रहा था। बलीराम मुझसे कुछ दिन पहले ही रिहा हुआ था, किंतु यह सब मुझे तभी पता चल पाया, जब मैं अधिवेशन के समाप्त होने के बाद अपने ठिकाने पर पहुँचा।

उक्त लाहौर अधिवेशन की समाप्ति पर मुझे सत्याग्रह आंदोलन के लिए स्थानीय युवाओं को कांग्रेस सेवादल का प्रशिक्षण देने हेतु कुमाऊँ सेवादल का निरीक्षक नियुक्त किया गया था। उस समय लाहौर में कोई बड़ा उपचार करवा पाना और उक्त नियुक्ति के कारण अधिक दिन लाहौर में रुक पाना मेरे लिए संभव भी न था।

पुलिसिया मार से बलीराम का पोर-पोर टूटा हुआ था। वह कुछ बोल तक नहीं पा रहा था, उसकी ऐसी स्थिति देखकर, मैं जो कुछ भी बोल सका उसे बलीराम सुन भी पाया था कि नहीं; मैं नहीं जानता, क्योंकि उस समय उसकी ऐसी हालत थी कि वह होंठ फड़फड़ाता तो उसके मुँह से खून निकल आता। मुझे नहीं याद कि बलीराम के अंतिम शब्द क्या थे। वह तो यह भी न बता सका कि उसके साथ वह सब क्या हुआ और क्यों हुआ।

उक्त लाहौर अधिवेशन की समाप्ति पर मुझे सत्याग्रह आंदोलन के लिए स्थानीय युवाओं को कांग्रेस सेवादल का प्रशिक्षण देने हेतु कुमाऊँ सेवादल का निरीक्षक नियुक्त किया गया था। उस समय लाहौर में कोई बड़ा उपचार करवा पाना और उक्त नियुक्ति के कारण अधिक दिन लाहौर में रुक पाना मेरे लिए संभव भी न था। अतः साथियों की सहायता से यथासंभव प्राथमिक उपचार

करवाकर मैंने अपने छोटे भाई को साथ लिया और अपने गाँव के लिए निकल पड़ा। उस यात्रा के दौरान अब तक की मेरी पूरी जीवन–यात्रा मेरे मस्तिष्क में घूमने लगी थी।

मध्य हिमालय की पट्टी खटली, जिला पौड़ी गढ़वाल के गाँव कांडा (बीरोंखाल) के एक साधारण से किसान गौरीदत्त नौटियाल और धैर्यवान गृहणी देवकी देवी के घर में जो पहली किलकारी गूँजी, वह मेरी ही थी। दिन था 1 अगस्त, 1905। हम तीन भाई और एक बहन थे; पहला मैं रामप्रसाद, फिर बलीराम और काशीराम, बहन माहेश्वरी सबसे छोटी और सबसे लाड़ली थी।

गाँव के नजदीकी विद्यालय से प्राथमिक शिक्षा प्राप्त करने के बाद, मुझे मिडिल स्कूल के लिए 'पोखड़ा' भेजने की तैयारी चल रही थी। तब चार साल प्राइमरी और तीन साल मिडिल स्कूल की पढ़ाई हुआ करती थी। पोखड़ा जाना मुझे जँचा नहीं, वैसे भी मेरा पढ़ने–लिखने में अधिक मन नहीं लगता था। मैंने जिद पकड़ ली कि मैं पोखड़ा नहीं जाऊँगा। पिताजी ने कई बार समझाया, डाँटा–फटकारा, लेकिन मैं नहीं माना। मैं बचपन से ही उग्र और निडर स्वभाव का था। अंत में, थक–हारकर वह मुझे मेरे मामा रुद्रीदत्त बहुखंडी के पास ले गए, जो उस समय देहरादून में सी.पी.डब्ल्यू.डी. में कार्यरत थे। तब इसे डिपार्टमेंट ऑफ पब्लिक वर्क्स कहा जाता था। मामाजी ने मुझे देहरादून के डी.ए.वी. स्कूल में भरती करवा दिया।

गाँव के नजदीकी विद्यालय से प्राथमिक शिक्षा प्राप्त करने के बाद, मुझे मिडिल स्कूल के लिए 'पोखड़ा' भेजने की तैयारी चल रही थी। तब चार साल प्राइमरी और तीन साल मिडिल स्कूल की पढ़ाई हुआ करती थी। पोखड़ा जाना मुझे जँचा नहीं, वैसे भी मेरा पढ़ने–लिखने में अधिक मन नहीं लगता था।

देहरादून में मेरे लिए एक नए संसार के द्वार खुल गए। वहाँ अनेक प्रकार की पुस्तकें, समाचार-पत्र, पत्रिकाएँ, आदि पढ़ने का मौका मिला। इन पत्र-पत्रिकाओं, विद्यालय, शहर में होने वाली चर्चाओं आदि से मुझे देश की गुलामी, अंग्रेजों की दमनकारी नीति और उसके विरुद्ध संघर्ष कर रहे नायकों के बारे में पता चलना आरंभ हुआ। ये सारी जानकारियाँ मुझे झकझोरने लगीं। आयु का यह पड़ाव इस तरह की बातों के प्रति अत्यधिक संवेदनशील होता भी है।

यहाँ पढ़ते हुए मुझे लगभग सवा साल ही हुआ होगा कि उन्हीं दिनों वर्ष 1919-20 में देशभर में असहयोग आंदोलन जोर पकड़ रहा था; कांग्रेस के तमाम नेता देश के विभिन्न क्षेत्रों का दौरा कर रहे थे। इसी क्रम में एक दिन हमारे विद्यालय के प्रांगण में श्रीमती सरोजिनी नायडू का आगमन हुआ। कुछ छोटे-मोटे कार्यक्रमों के बाद भारत कोकिला ने बोलना आरंभ किया। उनके संयत, किंतु ओजस्वी भाषण को सुनकर वहाँ उपस्थित जनता एवं स्कूल के छात्रों में एक जोश सा भर गया और उन्होंने नारेबाजी आरंभ कर दी।

'महात्मा गांधी की जय!' 'भारत माता की जय!'

महात्मा गांधी के साथ भारत कोकिला सरोजिनी नायडू (साभार : इंटरनेट मीडिया)

अचानक आरंभ हुई इस नारेबाजी से वहाँ तैनात अंग्रेज सार्जेंट

और अन्य पुलिस अधिकारी बौखला गए। धक्का–मुक्की होने लगी। स्थिति नियंत्रण से बाहर होती देख अधिकारियों ने लाठीचार्ज का आदेश दे दिया। एक तरफ से लाठियाँ तो दूसरी तरफ से पत्थर चलने लगे। उग्र छात्रों को नियंत्रित करने के लिए बड़ी संख्या में पुलिस बल बुलाना पड़ा। अंत में, पुलिस की काररवाई में 24 स्कूली छात्र हिरासत में ले लिये गए। यही मेरी पहली गिरफ्तारी थी।

हम सबको जिला जेल भेज दिया गया। दूसरे दिन जेल के अंदर ही अदालत लगी और सभी पर 50–50 रुपए का जुरमाना लगाया गया, जुरमाने का भुगतान न करने की स्थिति में तीन सप्ताह के कारावास की सजा निर्धारित की गई। जिन छात्रों के अभिभावक वहाँ उपस्थित थे, वे 50–50 रुपए का जुरमाना देकर अपने बच्चों को छुड़ाकर ले गए, किंतु मेरे जैसे कुछ बच्चे जो दूर गाँवों के थे और जिनके अभिभावक वहाँ मौजूद नहीं थे, उन्हें पूरे तीन सप्ताह जेल में बिताने पड़े। मैं 21 दिन कारागार में रहने के बाद विद्यालय पहुँचा तो हेड–मास्टर साहब ने कहा, "अदालत का फैसला है कि तुम तीन साल तक संयुक्त प्रांत आगरा व अवध (अब उत्तर प्रदेश) के किसी भी स्कूल में भरती नहीं हो सकते।"

मेरी उम्र 14–15 वर्ष रही होगी। मैं स्तब्ध था और एक घड़ी के लिए असमंजस में पड़ गया, किंतु मेरे पास कोई विकल्प न था, मुझे तत्काल निर्णय लेना था। मामाजी का सामना करने की मेरी हिम्मत न थी और गाँव लौटना संभव न जान, मैंने अपना सामान बाँधा और मेरठ जानेवाली सड़क पकड़ ली।

मेरी उम्र 14–15 वर्ष रही होगी। मैं स्तब्ध था और एक घड़ी के लिए असमंजस में पड़ गया, किंतु मेरे पास कोई विकल्प न था, मुझे तत्काल निर्णय लेना था। मामाजी का सामना करने की मेरी हिम्मत न थी और गाँव

लौटना संभव न जान, मैंने अपना सामान बाँधा और मेरठ जाने वाली सड़क पकड़ ली। पैसे तो मेरे पास बिल्कुल नहीं थे, किंतु कानों में तोले भर सोने की दो मुरकियाँ थीं; जिनका सौदा 18 रुपए में हुआ।

जैसे-तैसे मेरठ तो पहुँच गया, लेकिन अब समस्या यह थी कि जाएँ कहाँ? मैं मेरठ के घंटाघर की ओर मुड़ गया और वहाँ खड़े होकर सोचने लगा कि कोई पहाड़ी व्यक्ति दिख जाए, तो उससे बात करके मदद माँग लूँगा, मेरठ छावनी में अपने पहाड़ी क्षेत्र के अनेक सैनिक हैं, इसी सहारे ने तो मुझे मेरठ की ओर मोड़ा था। तमाम ताँगे वाले आते-जाते पूछते, "कहाँ जाना है?" बेसहारा समझकर कहते, "नजदीक में ही धर्मशाला है, उसमें ठहरने का बंदोबस्त भी है, कहो तो पहुँचा दें?"

मैं करीब दो घंटे तक इसी तरह प्रतीक्षा करता रहा, कोई तो दिखे! मन में चिंता सी भी होने लगी थी कि अब कहाँ जाया जाए। तभी एक व्यक्ति आता हुआ दिखाई दिया। वह डील-डौल से पहाड़ी लग रहा था। मैं उसकी ओर बढ़ा और उसे रोककर परिचय पूछा, मेरा अनुमान सही निकला, वह एक गढ़वाली सैनिक था। मैंने उसे सारी बात बताई। वह बोला, "मैं तो फौज का एक साधारण सिपाही हूँ, तुम्हें नौकरी वगैरह कहाँ से दिलवाऊँ? लेकिन जहाँ तक ठहरने की बात है, तो अपने एक लाइन पंडितजी हैं, मैं उनसे कह दूँगा, वह एक-दो दिन तुम्हारे रहने-खाने की व्यवस्था कर देंगे।"

मैं तो फौज का एक साधारण सिपाही हूँ, तुम्हें नौकरी वगैरह कहाँ से दिलवाऊँ? लेकिन जहाँ तक ठहरने की बात है, तो अपने एक लाइन पंडितजी हैं, मैं उनसे कह दूँगा, वह एक-दो दिन तुम्हारे रहने-खाने की व्यवस्था कर देंगे।

मैं उस सैनिक के साथ चल दिया, उसने मुझे कमिश्नरेट से तीन नंबर डिपो पर पहुँचा दिया। वहाँ परगाना चौंदकोट निवासी पं. सुरेशानंदजी मिले, मैंने उन्हें अपनी सारी कहानी सच-सच बता दी, तो पंडितजी ने

बड़े रूखेपन से डाँटना शुरू कर दिया, "तुम स्कूल से भागकर क्यों आए हो ? जाओ ! यहाँ रहने की कोई जगह नहीं, यह फौज का मंदिर है। कहीं बाजार में जाकर जगह ढूँढ़ो··· ।"

मैं स्तब्ध होकर रोने लगा, तो उन्हें दया आ गई। फिर पूछने लगे, "खाना पकाना आता है ?"

मैंने जवाब दिया, "थोड़ा बहुत··रोटी, दाल-भात पकाना जानता हूँ।"

पंडितजी थोड़ा रुककर बोले, "अच्छा! अपना सामान रख दो और चौके में आग जलाओ।"

रसोई में पहुँचने पर, पहले आटा गूँथने और फिर रोटी-सब्जी बनाने को कहा। सुबह पंडितजी भात खुद ही पकाते थे।

कमिश्नरेट मुख्यालय मेरठ में ही स्थित था। एक दिन फौज के कप्तानों की एक टोली अपने अश्वदल पर सवार हो कर आ रही थी। मैं उनके ऑफिस के आगे खड़ा था। मैंने सैल्यूट किया, तो उनमें से एक कैप्टन ने घोड़े से झुकते हुए मुझसे पूछा, "वैल छोकरा क्या मांगता है ?"

मैंने झट से उत्तर दिया, "सर्विस माँगता है।"

उस कैप्टन ने अंदर जाकर हैडक्लर्क से पूछा, "क्या हमारे यहाँ कोई वैकेंसी है ?।"

बड़े बाबू बोले, "यहाँ तो नहीं, लेकिन बलूचिस्तान के लोरलाई से एक रिकॉर्ड कीपर की डिमांड आई है।"

मैंने झट से उत्तर दिया, "सर्विस माँगता है।" उस कैप्टन ने अंदर जाकर हैडक्लर्क से पूछा, "क्या हमारे यहाँ कोई वैकेंसी है ?।" बड़े बाबू बोले, "यहाँ तो नहीं, लेकिन बलूचिस्तान के लोरलाई से एक रिकॉर्ड कीपर की डिमांड आई है।"

फिर उन्होंने मुझे अंग्रेजी में पूछा, "तुम अंग्रेजी बोलना जानते हो?"

मैंने उत्तर दिया, "थोड़ा बहुत।" उन्होंने फिर पूछा, "कितने पढ़े-लिखे हो?"

"आठवीं पास!" मैंने जवाब दिया।

"आगे क्यों नहीं पढ़ा?" वह बोले।

मैं इस अवसर को अपने हाथ से हरगिज जाने नहीं दे सकता था और यहाँ देहरादून के स्कूल में हुई घटना को यथावत बता देना खुद अपने पैर पर कुल्हाड़ी मारने जैसा होता। मैंने तुरंत कहा, "गरीबी के कारण नहीं पढ़ सका।"

बड़े बाबू बोले, "लड़का उम्र में छोटा है, वहाँ तो लंबे-चौड़े पठान लोग रहते हैं।" मैंने जोर देते हुए कहा, "गढ़वाली और गोरखे उम्र और कद में छोटे लगते हैं, लेकिन मेरी उम्र 18 साल है।"

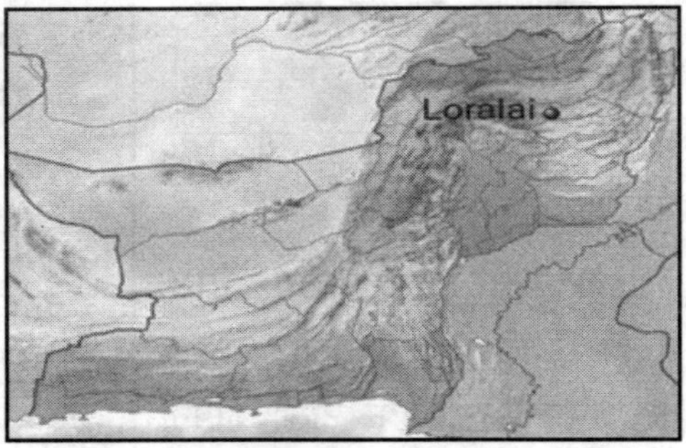

पाकिस्तान स्थित लोरलाई (साभार : इंटरनेट मीडिया)

मेरे आग्रह पर वह पसीज गए, कुछ-एक प्रश्न और पूछे, एक-दो काम करवाकर देखे और मुझे रिकॉर्ड कीपर के पद पर नियुक्ति दे दी।

मुझे लोरलाई भेज दिया गया, यहाँ सप्लाई और कमिश्नरेट के सभी डिवीजनों का ऑफिस था। डिवीजन के हेड क्लर्क दक्षिण भारत से थे, वह हिंदी नहीं जानते थे। मुझे शुरुआत में बहुत कठिनाई हुई, किंतु धीरे-धीरे सब ठीक हो गया।

हमारे ऑफिस से मिलिट्री के लिए साग-सब्जी, दूध, लकड़ी आदि के ठेके तय किए जाते थे। उस इलाके का एक सरदार था 'तोरखाँ', उसके पास लकड़ी का ठेका रहता था, किन्हीं कारणों से इस बार तोरखाँ को यह

ठेका नहीं मिला, ठेका किसी दूसरे सरदार बाजबुल खाँ को दिया गया। जब तोरखाँ को यह बात पता चली तो वह बौखला गया। उसने अपने इलाके में बाजबुल खाँ के सप्लाई वाले घोड़े-गधे गुजरने से रोक दिए, इस कारण दोनों सरदारों में मुठभेड़ हो गई, यह झगड़ा तीन दिन तक चलता रहा। इसी बीच सरदार तोरखाँ अपने काबुली घोड़े पर सवार होकर कर्नल इबट के ऑफिस में आ धमका।

मैं कर्नल के ऑफिस से सटे हुए कमरे में कुरसी पर बैठा हुआ था, सरदार पश्तो भाषा में बोला, "जय तड़ मुसे" (बच्चे सलाम!)

मैंने खड़े होकर सलाम कहा, उसने पूछा, "या काई फिरंगी रागले" (यह फिरंगी साहब आ गया?)

"हाँ साहब आ गए," मैंने जवाब दिया।

सरदार ने फिर पूछा, "मैं साहब के पास जा सकता हूँ?"

चूँकि तोरखाँ ऑफिस में नियमित रूप से आता-जाता रहता था, मैंने सिर हिलाते हुए 'हाँ' कह दिया।

उसके तेवर देखकर कर्नल अत्यधिक घबरा गए, घबराहट के मारे ज्योंही वह बाहर निकलने के लिए अपनी कुरसी से उठे, त्योंही तोरखाँ ने अपनी पिस्तौल से गोली चला दी। कर्नल ने किसी तरह उछलकर अपनी जान बचाई और उस कमरे से बाहर भाग गए।

सरदार अंदर कर्नल के पास पहुँचा और गुस्से से चिल्लाया, "तुम हमारे इलाके में दखलंदाजी करने वाले कौन होते हो?"

उसके तेवर देखकर कर्नल अत्यधिक घबरा गए, घबराहट के मारे ज्योंही वह बाहर निकलने के लिए अपनी कुरसी से उठे, त्योंही तोरखाँ ने अपनी पिस्तौल से गोली चला दी। कर्नल ने किसी तरह उछलकर अपनी जान बचाई और उस कमरे से बाहर भाग गए। मैं गोली चलने की आवाज सुनकर उस कमरे की तरफ दौड़ा और मैंने तनिक भी देरी किए बिना सरदार तोरखाँ को पीछे से दोनों हाथों से जकड़ लिया।

कर्नल इबट सप्लाई हेडक्वार्टर से लगे हुए जनरल हेडक्वार्टर की ओर भागे, जहाँ गोरखा रेजीमेंट के जवान तैनात थे। कर्नल का इशारा पाते ही गोरखा जवान उनके ऑफिस की ओर लपके और गार्ड कमांडर के आदेश पर जवानों ने संगीनें तान दीं। गार्ड कमांडर ने अद्‌भुत् फुर्ती दिखाते हुए मुझे स्टेशनरी की आलमारी के पीछे धकेला और तोरखाँ से पिस्तौल छीन ली।

सरदार को काबू पा लिये जाने के बाद कर्नल इबट ने पॉलिटिकल ऑफिसर को फोन किया और उसे तुरंत आने को कहा। पॉलिटिकल एजेंट पेशावर का एक आई.सी.एस. अधिकारी था। तोरखाँ पॉलिटिकल एजेंट के वहाँ पहुँचने तक भी गुस्से से लाल था, उसने पॉलिटिकल एजेंट को गाली देते हुए कहा, "तुमने वजीरिस्तान और हिंदुस्तान को अंग्रेजों के हवाले कर दिया है और अब तुम बलूचिस्तान को भी अंग्रेजों को सौंप देना चाहते हो।"

"तुम मुसलमान नहीं, काफिर हो!"

वह गुस्से में तमाम गालियाँ देता रहा, लेकिन पॉलिटिकल ऑफिसर उसे बड़ी विनम्रता से समझाते हुए उसकी बातों को अनसुना करता रहा और उसे अपनी कार में बैठने के लिए मनाता रहा। बाद में सरदार का गुस्सा थोड़ा शांत हुआ, तो वह बोला, "जब तक मेरी पिस्तौल मुझे लौटा नहीं दी जाती, मैं गाड़ी में नहीं बैठूँगा।"

वह गुस्से में तमाम गालियाँ देता रहा, लेकिन पॉलिटिकल ऑफिसर उसे बड़ी विनम्रता से समझाते हुए उसकी बातों को अनसुना करता रहा और उसे अपनी कार में बैठने के लिए मनाता रहा। बाद में सरदार का गुस्सा थोड़ा शांत हुआ, तो वह बोला, "जब तक मेरी पिस्तौल मुझे लौटा नहीं दी जाती, मैं गाड़ी में नहीं बैठूँगा।"

पॉलिटिकल ऑफिसर ने कहा, "आप मेरी गाड़ी में बैठो और मेरे

साथ चलो, आपकी पिस्तौल और घोड़ा पहुँचा दिया जाएगा।"

अंत में, वह सरदार को समझा-बुझाकर बँगले में ले गया।

कुछ देर बाद कर्नल इबट मेरे पास आए और मुझसे पूछा, "तुम कहाँ रहते हो?" मैंने जवाब दिया, "संतरी केदार सिंह के साथ।"

उन्होंने कुछ देर सोच-विचार करने के बाद कहा, "यह सरदार अब तुम्हें छोड़ेगा नहीं¨, मेरे बँगले में गार्ड तैनात है, अब तुम वहीं एक क्वार्टर में रहो।"

मैंने वैसे ही किया और उनके बँगले में शिफ्ट हो गया।

बँगले पर तैनात सैनिकों के पास अपना अश्व दल था, उन्हें देखकर मुझे भी घोड़े की सवारी करने का मन होता था। यह बात जब कर्नल इबट और उनकी पत्नी को पता चली, तो उन्होंने मुझे कमिश्नरेट में भरती करवा दिया।

बँगले पर तैनात सैनिकों के पास अपना अश्व दल था, उन्हें देखकर मुझे भी घोड़े की सवारी करने का मन होता था। यह बात जब कर्नल इबट और उनकी पत्नी को पता चली, तो उन्होंने मुझे कमिश्नरेट में भरती करवा दिया। वहाँ प्रतिदिन दो घंटे ट्रेनिंग होती थी और बाकी समय मैं कर्नल का ऑफिस सँभालता था। अब मुझे रिकॉर्ड कीपिंग के 45 रुपए (पैंतालीस रुपए) और कमिश्नरेट से 11 रुपए मिलने लगे। मैं जल्द ही क्वार्टर मास्टर और फिर दफ़ादार बना और रावलपिंडी चला गया। वहाँ कर्नल इबट मुझे हर माह 25 रुपए का मनीऑर्डर भेजा करते थे।

बाद में, मेरा स्थानांतरण 63 मोबाइल कोर में हो गया। इस दौरान फोर्सन्यूमैन से कुछ दूर मुरकीखेत में कर्नल डेविस के नेतृत्व में 2/8 पंजाब रेजीमेंट और कर्नल वेली के नेतृत्व में 5 रॉयल मराठा की दो बिग्रेड्स के बीच युद्धाभ्यास चल रहा था। दोनों टुकड़ियाँ एक रौखड़ (सूखी बरसाती नदी) के अलग-अलग छोर पर स्थित की गई थीं। उस

रौखड़ की लंबाई तीन मील से कुछ अधिक थी। एक रात, फास्ट बैटल अभ्यास चल रहा था, इसी बीच अचानक कहीं से सैकड़ों सैनिकों ने हमारे अभ्यासरत सैन्य दलों पर बंदूकों और मशीनगनों से गोलियों की बौछार कर दी और कई सैनिकों को मौत के घाट उतार दिया। जवानों ने बताया कि हमला करने वाले सैनिक अपदस्थ रूसी जार के भगोड़े सैनिक थे, जो लेनिन के नेतृत्व में रूसी क्रांति के बाद अपने दल-बल सहित काकेशस पर्वत की तरफ भाग गए थे। यह क्षेत्र अफगानिस्तान और बलूचिस्तान से लगा हुआा था।

हमलावरों के बारे में अधिक जानकारी प्राप्त करने के लिए कर्नल वेली ने कमांडरों की आपात बैठक बुलाई और निर्णय लिया कि तीन नॉन-कमीशन्ड ऑफिसर उस रौखड़ (सूखी बरसाती नदी) के दूसरे छोर पर कर्नल डेविस को खबर देने जाएँगे, पहला नाम मेरा था।

हमलावरों के बारे में अधिक जानकारी प्राप्त करने के लिए कर्नल वेली ने कमांडरों की आपात बैठक बुलाई और निर्णय लिया कि तीन नॉन-कमीशन्ड ऑफिसर उस रौखड़ (सूखी बरसाती नदी) के दूसरे छोर पर कर्नल डेविस को खबर देने जाएँगे, पहला नाम मेरा था। मैं मेवल कोर से था और अब घुड़सवारी में पारंगत हो चुका था, दूसरे थे रिसाला के सिख कंपनी के गंडा सिंह और तीसरे थे रहमत अली। हम तीनों की जाँच हुई और तीनों को एक-एक घोड़ा तथा कर्नल डेविस को देने के लिए एक-एक बंद लिफाफा दिया गया। हमें 'एरो-फॉरमेशन' में आगे बढ़ने का निर्देश दिया गया, मुझे तीर के नोक की पोजीशन मिली, मेरे दोनों साथियों को भी उसी सीध पर डेढ़ किमी. की दूरी बनाते हुए आगे बढ़ना था, उस लंबे-चौड़े रौखड़ के बीच रूस के भगोड़े सिपाहियों का पक्का मोर्चा था। आगे बढ़ने से पूर्व कर्नल वैली ने रोबदार शब्दों में कहा, "वैल! जवान तुम्हारी खिदमतों को कभी भूलेगा नहीं।"

हमें कर्नल डेविस के कैंप तक पहुँचने के लिए लगभग चार मील की दूरी तय करनी थी। हम तीनों, गोलियों की तीव्र बौछार को चीरते हुए आगे बढ़े, मेरे घोड़े पर दो छर्रे लगे, लेकिन वह बेकाम नहीं हुआ। अंततः मैं कर्नल डेविस के कैंप तक पहुँच गया, लेकिन मेरे दोनों साथी वीरगति को प्राप्त हो गए।

मैंने कर्नल डेविस को लिफाफा सौंपा, उन्होंने उसमें रखे पत्र को पढ़ते ही स्टाफ ऑफिसरों की एक बैठक बुलाई और रूसी जार के उन कजाक सैनिकों को पकड़ने अथवा मार गिराने की योजना तैयार की। हमारी सैन्य टुकड़ी ने जल्द ही उन भगौड़े सैनिकों को मार भगाया। ऑपरेशन समाप्त होने के पश्चात् कर्नल ने मुझे बुलाया और शाबाशी देते हुए पूछा, "क्या ईनाम चाहते हो ?"

मैंने कर्नल डेविस को लिफाफा सौंपा, उन्होंने उसमें रखे पत्र को पढ़ते ही स्टाफ ऑफिसरों की एक बैठक बुलाई और रूसी जार के उन कजाक सैनिकों को पकड़ने अथवा मार गिराने की योजना तैयार की। हमारी सैन्य टुकड़ी ने जल्द ही उन भगौड़े सैनिकों को मार भगाया।

मैंने कहा, "तरक्की!"

उस समय मेरी आयु 21-22 वर्ष रही होगी और वायसराय कमीशन 25 वर्ष की आयु से पहले नहीं दिया जाता था।

कर्नल बोले, "मैं प्रोमोशन सीधे तो नहीं कर सकता, लेकिन इसके लिए सिफारिश जरूर कर सकता हूँ।" मैंने कहा, "तो मुझे एक्टिव कमीशन दे दें।" कर्नल ने 'हाँ' कर दी और छह सप्ताह का अवकाश तथा 200 रुपए ईनाम भी दिया। मैं छुट्टियाँ मनाने क्वेटा चला गया। छुट्टियों से लौटकर आया, तो मुझे हेडक्वार्टर बुलाया गया और बताया गया कि वायसराय ने मेरे लिए एक्टिव कमीशन की मंजूरी दे दी है। अब मुझे एडजुटेंट क्वार्टरमास्टर का कार्यभार दिया गया था।

□

2

घर वापसी

मुझे घूमने-फिरने का शौक था। नई-नई जगहों पर जाने और उनके बारे में जानने की उत्सुकता मेरे मन में हमेशा ही रहती थी। जब कभी मुझे छुट्टियाँ मिलतीं तो मैं राजस्थान, गुजरात और महाराष्ट्र चला जाता। पहले पहल मैं मेवाड़ जंक्शन, रणथम्भौर, हल्दीघाटी, नाथद्वारा आदि स्थानों पर गया और बाद में पूना होते हुए सिंहगढ़ पहुँचा, जहाँ शिवाजी महाराज के विश्वासपात्र तानाजी मालूसरे ने हिंदवी स्वराज्य की विजय पताका फहराई थी। मैं गुजरात के मोरबी जिले के उस गाँव में भी पहुँचा, जहाँ महर्षि दयानंद सरस्वती का जन्म हुआ था। अंत में गांधीजी के जन्मस्थल पोरबंदर भी गया, उस समय तक गांधीजी चंपारण और खेड़ा सत्याग्रह तथा असहयोग आंदोलन की सफलता के बाद भारतीय जनमानस में अपनी पैठ बना चुके थे। इस दौरान मैंने कर्नल जेम्स टॉड की लिखी पुस्तक 'राजस्थान का इतिहास', द्विजेंद्रलाल राय का लिखा नाटक 'मेवाड पतन' और रमेशचंद्र दत्त की रचना 'राजपूत जीवन संध्या', 'महाराष्ट्र जीवन प्रभात' आदि बहुत सी भारतीय वीरगाथाएँ पढ़ीं।

मैं उस समय जहाँ तैनात था, वहाँ सेना के अधिकारियों के लिए पुस्तकें, समाचार-पत्र, पत्रिकाएँ आदि भी मँगवाई जाती थीं। यह सामग्री प्रविष्टि इत्यादि के लिए सबसे पहले हमारे पास ही आती थी और इस प्रकार मुझे तमाम विषयों पर पुस्तकें, खबरें, लेख इत्यादि पढ़ने और उन विषयों को जानने-समझने का मौका मिलता था। भारत के स्वाधीनता

संग्राम के लिए जगह-जगह हो रहे संघर्षों की खबरें भी पत्र-पत्रिकाएँ अपने-अपने हिसाब से छापते थे।

वर्ष 1928 की बात है, मैं बलूचिस्तान में चमन नामक जगह पर तैनात था, एक दिन मैंने समाचार-पत्र में पढ़ा कि साइमन कमीशन का विरोध करने वालों पर पुलिस सुप्रिंटेंडेंट जेम्स ए. स्कॉट के निर्देश पर पुलिस ने बर्बरतापूर्ण लाठीचार्ज किया है, जिसमें कई आंदोलनकारी घायल हुए हैं। बाद में खबर आई कि उसी लाठीचार्ज में बुरी तरह घायल हुए पंजाब केसरी लाला लाजपतराय की मृत्यु हो चुकी है। उसके ठीक अगले दिन मैंने लाहौर से प्रकाशित होने वाला 'आर्य गजट' पढ़ा, जिसमें लालाजी की मृत्यु के संबंध में भीमसेन सच्चर का एक लेख छपा था। उन्होंने लिखा था, "मैं एक गुलाम देश में पैदा हुआ हूँ, जहाँ मुझे कोई भी मामूली अधिकारी डंडों से पीट-पीटकर कभी भी मौत के घाट उतार सकता है।"

लाला लाजपत राय
(साभार : इंटरनेट मीडिया)

लाहौर केंद्रीय करगार में भगत सिंह
(साभार : इंटरनेट मीडिया)

मेरे अंदर कुछ चुभ सा गया। मेरे मन में लालाजी के बारे में और अधिक जानने की उत्सुकता बढ़ने लगी, तो पता चला कि इसी 'आर्य गजट' के संस्थापक संपादक और महान् देशभक्त लाला लाजपतराय को तत्कालीन ब्रिटिश सरकार ने पहले तो वर्ष 1907 में मांडले (म्याँमार) जेल भेज दिया था और बाद में, वर्ष 1914-18 की अवधि में प्रथम विश्वयुद्ध के दौरान उनके बगावती तेवरों के कारण देश निकाला दे दिया

था। इन्हीं लालाजी ने अमेरिका जैसे दूरस्थ देश में भी इंडियन होम रूल लीग जैसी प्रभावी संस्था की स्थापना की थी।

खैर, 30 अक्तूबर, 1928 को लाहौर में साइमन कमिशन के विरोध में एक कार्यक्रम का नेतृत्व करते समय सुप्रिटेंडेंट जेम्स ए. स्कॉट द्वारा लाठीचार्ज में घायल होने के बाद लालाजी की मृत्यु से संपूर्ण भारतवर्ष में क्रांति की एक लहर सी दौड़ गई थी। भगत सिंह, राजगुरु, सुखदेव, चंद्रशेखर आजाद सहित तमाम क्रांतिकारियों ने लालाजी की मौत का बदला लेने की कसमें खाईं। इन सब सूचनाओं से मेरा भी मन विचलित होने लगा था। लालाजी के प्रति मेरी आस्था इस वजह से भी अधिक बढ़ी थी कि उनका मेरे गढ़वाल-कुमाऊँ से लंबा जुड़ाव रहा था। लालाजी वर्ष 1913 में कुमाऊँ गए थे और उनके प्रयासों से वहाँ सामाजिक स्तर पर बड़े बदलाव हुए। नैनीताल के सुनकिया गाँव में उनकी सभा में ही खुशीराम आर्यजी के नेतृत्व में पहाड़ के हरिजनों ने आर्य समाज के प्रति अपनी आस्था सुदृढ़ की और आर्य शब्द अंगीकार किया।

खैर, 30 अक्तूबर, 1928 को लाहौर में साइमन कमिशन के विरोध में एक कार्यक्रम का नेतृत्व करते समय सुप्रिटेंडेंट जेम्स ए. स्कॉट द्वारा लाठीचार्ज में घायल होने के बाद लालाजी की मृत्यु से संपूर्ण भारतवर्ष में क्रांति की एक लहर सी दौड़ गई थी।

मुझे कैप्टन हैन्सपोर से हुई बातें याद आने लगीं, वह तत्कालीन ब्रिटिश बलूचिस्तान में हमारे कमांडर थे, उनके पैर में चोट लगने के कारण वह लँगड़ाकर चलते थे, एक बार मैंने उनसे पूछा, "आपके पैर में चोट कैसे लगी?"

वह बोले, "मेसोपोटामियां में तोप के छर्रों से।"

मैंने फिर पूछा, "आप कौन-सी यूनिट में थे?" उन्होंने बताया कि वह प्रथम लैसंट तोपखाने में थे।

मैंने जिज्ञासावश पूछा, "आपने कभी तोप चलाई?"

उन्होंने मुसकराते हुए जवाब दिया, "जरूरत पड़ने पर चलानी पड़ती थी। जर्मन तोपें एक मन वजन का गोला उगलती थीं!"

मैं उत्सुकतावश बोल पड़ा, "आपको डर नहीं लगता था?"

कैप्टन संयत रहे और बोले, "हमको यह सोचने का वक्त ही कहाँ था कि मरेंगे या बचेंगे। हम तो बस, दुश्मन के गोलों का जवाब दे रहे होते थे।"

मेरे पास भी कुछ सोचने-समझने का वक्त नहीं था, दुश्मन के घात का प्रतिघात से जवाब देना था। बस, एक ही धुन सवार हो गई थी कि पराधीन भारत को स्वाधीन करने के लिए अपना सबकुछ न्योछावर कर दूँ। मेरा मन नौकरी से उचटने लगा था। मेरे मुँह से नौकरी छोड़ने की बात अनायास ही निकल जाती थी। कर्नल इबट ने बहुत समझाया कि नौकरी मत छोड़ना आगे तरक्की मिलेगी, लेकिन मेरा मन कुछ भी सुनने-नानने के लिए तैयार नहीं था। उस समय देश की आजादी के विचार और स्वप्न के अलावा मैंने कुछ और सोचा ही नहीं, कुछ और देखा भी नहीं। यह मेरे अंत:करण की आवाज थी। मैं आगे क्या करूँगा? कैसे करूँगा? इस विषय पर गंभीरता से सोचता रहा और उसी पर अमल भी करता गया।

मेरे पास भी कुछ सोचने-समझने का वक्त नहीं था, दुश्मन के घात का प्रतिघात से जवाब देना था। बस, एक ही धुन सवार हो गई थी कि पराधीन भारत को स्वाधीन करने के लिए अपना सबकुछ न्योछावर कर दूँ। मेरा मन नौकरी से उचटने लगा था।

फौज से डिस्चार्ज का सर्टिफिकेट तैयार हो रहा था और मेरे मन में भयंकर उथल-पुथल मची हुई थी, एक भूचाल सा आ गया था। मेरी नजरें केवल उन लोगों को देखने को आतुर रहती थीं, जो आजादी की

खातिर अपना सर्वस्व न्योछावर कर अंग्रेजों से जूझ रहे थे। अब मेरा वहाँ घड़ी भर के लिए ठहरना भी मुश्किल था। मेरे पैरों को जैसे पंख लग रहे थे, जो एक आजाद उड़ान भरने के लिए अपने आप ही फड़फड़ाने लग जाते थे।

ग्रेट इंडियन पेनिनसुला रेलवे का प्रतीक चिह्न (साभार : इंटरनेट मीडिया)

फौज से डिस्चार्ज होकर मैं लाहौर में कांग्रेस के प्रमुख नेताओं डॉ. किचलू और डॉ. गोपीनाथ से मिला, उन्होंने मुझे कलकत्ता में पं. मोतीलाल नेहरू की अध्यक्षता में होने वाले भारतीय राष्ट्रीय कांग्रेस के 43वें अधिवेशन में शामिल होने का सुझाव दिया। यह वर्ष 1928 की बात है, मैं अधिवेशन आरंभ होने की तिथि से पहले ही कलकत्ता पहुँच गया। वहाँ मेरी भेंट डॉ. एन.एस. हार्डिकर से हुई। उन्होंने उसी समय मुझे कांग्रेस सेवादल में भरती करवा दिया। उस दौरान 'ग्रेट इंडियन पेनिनसुला रेलवे' की हड़ताल चल रही थी, हमने हड़ताल के समर्थन में परचे बाँटने आरंभ कर दिए। परचे बाँटते हुए मैं और अन्य साथी आंदोलनकारी पकड़े गए और हमें बंदी बनाकर फोर्ट विलियम किले में बनी जेल में कैद कर लिया गया।

जेल में मेरी भेंट भारतीय कम्युनिस्ट पार्टी के संस्थापक सदस्य श्रीपाद अमृत डांगे और कांग्रेस के अन्य नेताओं जैसे केदारनाथ सहगल, एम.आर. मसानी, बैरिस्टर जोगलेकर, अच्युत पटवर्धन आदि से हुई। कुछ ही दिनों में ब्रिटिश सरकार और कांग्रेस के बीच एक समझौता हुआ और इसके फलस्वरूप हमें कांग्रेस का अधिवेशन आरंभ होने से एक सप्ताह पहले रिहा कर दिया गया।

कलकत्ता कांग्रेस अधिवेशन समाप्त होने के बाद, 'हिंदुस्तान

सेवादल' के संस्थापक डॉ. नारायण सुब्बाराव हार्डिकर ने उत्तर प्रदेश (तत्कालीन संयुक्त प्रांत) के लिए चार सत्याग्रह गाइड चुने, उनमें से एक मैं भी था। हमें छह महीने के प्रशिक्षण के लिए हुबली भेज दिया गया, इस प्रशिक्षण शिविर में समस्त भारतवर्ष से 284 प्रशिक्षणार्थी शामिल थे। यहाँ शिविर समाप्त होने के बाद, हमें आगे का प्रशिक्षण लायलपुर और जालंधर में दिया गया। हमारी ट्रेनिंग पूरी हो जाने के बाद हमें अलग-अलग शहरों में अन्य लोगों को प्रशिक्षित करने के लिए भेज दिया गया। मुझे श्री अयंगर के साथ लाहौर के युवाओं को 'कांग्रेस सेवादल' का प्रशिक्षण देने के लिए रायबहादुर बदरीनाथजी के बंगले पर नियुक्त किया गया। इस प्रकार, लाहौर छोड़ने के कुछ समय बाद ही मुझे वहाँ लौटना पड़ा।

वर्ष 1929 में कांग्रेस का 44वाँ अधिवेशन लाहौर में ही होना तय हुआ। यहाँ मुझे सेवादल संबंधी व्यवस्थाओं की देख-रेख की जिम्मेदारी दी गई थी। रावी नदी के किनारे आयोजित इसी अधिवेशन के तहत 31 दिसंबर, 1929 को जवाहरलाल नेहरू की अध्यक्षता में हमने 'पूर्ण स्वराज्य' का संकल्प लिया और आने वाली 26 जनवरी (वर्ष 1930) को पूरे देश में प्रथम स्वतंत्रता दिवस मनाने की घोषणा की गई।

वर्ष 1929 में कांग्रेस का 44वाँ अधिवेशन लाहौर में ही होना तय हुआ। यहाँ मुझे सेवादल संबंधी व्यवस्थाओं की देख-रेख की जिम्मेदारी दी गई थी। रावी नदी के किनारे आयोजित इसी अधिवेशन के तहत 31 दिसंबर, 1929 को जवाहरलाल नेहरू की अध्यक्षता में हमने 'पूर्ण स्वराज्य' का संकल्प लिया और आनेवाली 26 जनवरी (वर्ष 1930) को पूरे देश में प्रथम स्वतंत्रता दिवस मनाने की घोषणा की गई ।

वहीं दूसरी ओर, लालाजी की हत्या का बदला लेने के लिए महान् क्रांतिकारी नेता भगत सिंह और 'हिंदुस्तान सोशलिस्ट रिपब्लिकन एसोसिएशन' के उनके साथियों ने सुपरिंटेंडेंट जेम्स स्कॉट की हत्या करने की योजना बनाई और 17 दिसंबर, 1928 को भगत सिंह ने अपनी 'कॉल्ट' पिस्तौल से उस पुलिस अधिकारी पर जानलेवा हमला कर दिया। बाद में पता चला कि वह अधिकारी जेम्स स्कॉट नहीं, बल्कि जॉन सॉन्डर्स था, जिसका कुछ समय पूर्व ही वायसराय के एक निकटवर्ती सहयोगी की बेटी से रिश्ता तय हुआ था। वायसराय के होने वाले दामाद की दिनदहाड़े हुई इस हत्या से ब्रिटिश शासन की खूब किरकिरी हुई। उन दिनों भगत सिंह, बटुकेश्वर दत्त, सुखदेव, राजगुरु, जगदीश आदि का लाहौर आवागमन लगा रहता था। चूँकि वे भूमिगत क्रांतिकारी थे, अतः हमें बहुत अधिक जानकारी नहीं मिल पाती थी।

वर्ष भर क्रांतिकारियों की धरपकड़ चलती रही, लाहौर आने-जाने वाले हर एक युवा पर पुलिस की नजर थी। जब जैसे मन करता पुलिस किसी को भी उठाकर ले जाती थी। कोई पूछने, रोकने-टोकने वाला न था।

कलकत्ता में 'ग्रेट इंडियन पेनिनसुला रेलवे' की हड़ताल की सफलता के बाद मेरे हौसले बुलंद थे। मेरी सरकार विरोधी गतिविधियां चरम पर थीं; इस कारण मेरे विरुद्ध गिरफ्तारी वारंट जारी कर दिया गया।

कलकत्ता में 'ग्रेट इंडियन पेनिनसुला रेलवे' की हड़ताल की सफलता के बाद मेरे हौसले बुलंद थे। मेरी सरकार विरोधी गतिविधियां चरम पर थीं; इस कारण मेरे विरुद्ध गिरफ्तारी वारंट जारी कर दिया गया। इससे पहले कि पुलिस मुझ तक पहुँचती, डी.ए.वी. कॉलेज लाहौर की विद्यार्थी और वहाँ के प्रिंसिपल छबीलदास की भतीजी पुष्पा ने मुझ तक गुप्त रूप से सूचना पहुँचाई कि तुम्हारे खिलाफ गिरफ्तारी वारंट जारी हुआ है। पुष्पा के पिता

लाहौर के एक सी.आई.डी. इंसपेक्टर थे। लाहौर में 'कांग्रेस सेवादल' का प्रशिक्षण देते हुए मेरा परिचय कई युवा छात्र-छात्राओं से हो चुका था। पुष्पा उनमें से एक थीं। वह महिला दल की कैप्टन भी थीं।

मैंने गेरुआ वस्त्र धारण किए और वेश बदलकर रात को ही पैदल चल पड़ा, पठानकोट होते हुए डलहौजी और फिर चंबा पहुँचा। वहाँ तीन दिन तक एक आर्य समाज मंदिर में शरण ली, किंतु खतरे की भनक लगते ही वहाँ से निकल पड़ा, लगभग नौ मील की चढ़ाई चढ़ने के बाद चोवाड़ी पहुँचा। यहाँ मेरी भेंट पं. बालकृष्णजी से हुई, मैंने बताया, "मैं बद्रीनाथ क्षेत्र का ब्राह्मण हूँ, मेरा घर बाढ़ में बह गया, मैं हरिद्वार में पढ़ता था और वहाँ से यहाँ आ गया।" मेरी बातें सुनने के बाद वह मुझे अपने घर ले गए, मेरे पिता संस्कृत के जानकार और एक किसान थे। मैंने बचपन में उनसे पुरोहिताई और खेती के संबंध में यथासंभव ज्ञान प्राप्त किया था। यह ज्ञान यहाँ मेरे काम आया। मैं उन पंडितजी के साथ पुरोहिताई और खेती का काम करने लगा। लगभग एक महीना यहाँ ठहरने के बाद, मेरी मुलाकात बकलौऊ में बग्याली गाँव के पं. श्रीरामजी से हुई, श्रीरामजी वहाँ एक मंदिर में पुजारी थे, कुछ दिन मैं वहाँ रहा। अंत में ठिकाना बदलते हुए शाहपुर के निकट एक मठ में भगतसिंह के साथी क्रांतिकारी जगदीश से भेंट हुई, वह भी लाहौर कांड के बाद से फरार चल रहे थे। उनसे भेंट करने के पश्चात् मैं पास के ही एक आर्यसमाज मंदिर में ठहर गया। यहीं से मेरी तीसरी गिरफ्तारी हुई और मुझे लाहौर जेल ले जाया गया।

मैंने गेरुआ वस्त्र धारण किए और वेश बदलकर रात को ही पैदल चल पड़ा, पठानकोट होते हुए डलहौजी और फिर चंबा पहुँचा। वहाँ तीन दिन तक एक आर्य समाज मंदिर में शरण ली, किंतु खतरे की भनक लगते ही वहाँ से निकल पड़ा, लगभग नौ मील की चढ़ाई चढ़ने के बाद चोवाड़ी पहुँचा।

सॉन्डर्स के हत्यारों का पता लगाने के लिए सैकड़ों युवाओं को यूँ ही रोज उठा लिया जाता। उन्हें तरह-तरह की प्रताड़नाएँ दी जातीं और कुछ हाथ न लगने पर मनमाने ढंग से हिरासत में रखने के बाद छोड़ दिया जाता। इस हत्या से पूर्व मेरी सक्रियता लाहौर शहर में ही थी, अतः मुझे दोषी सिद्ध किए जाने का भरसक प्रयास किया गया। व्यक्त न की जा सकने वाली क्रूरतम यातनाएँ दी गईं। रात-रात भर मारपीट करके जगाए रखना। दिन-दिन भर अँधेरी कोठरियों में अकेले बंद कर देना। मन करे तो खाना देना, न करे तो न देना। कई दिनों तक यही सब चलता रहा। तमाम मानसिक और शारीरिक यातनाएँ देने के बाद पुलिस ने मुझे मुखबिर अथवा सरकारी गवाह बनाना चाहा, लेकिन ऐसा संभव न हुआ तो ठीक 21 दिसंबर, 1929 को मुझे लाहौर जेल से रिहा कर दिया गया।

सॉन्डर्स के हत्यारों का पता लगाने के लिए सैकड़ों युवाओं को यूँ ही रोज उठा लिया जाता। उन्हें तरह-तरह की प्रताड़नाएँ दी जातीं और कुछ हाथ न लगने पर मनमाने ढंग से हिरासत में रखने के बाद छोड़ दिया जाता। इस हत्या से पूर्व मेरी सक्रियता लाहौर शहर में ही थी, अतः मुझे दोषी सिद्ध किए जाने का भरसक प्रयास किया गया।

कैद से मुक्त होते ही मैं सीधे रावी नदी के किनारे पहुँचा, जहाँ भारतीय राष्ट्रीय कांग्रेस के उपर्युक्त विशाल अधिवेशन के कैंप लगे हुए थे। रावी के किनारे चल रहे उस विशाल अधिवेशन में मुझे कांग्रेस सेवादल का गाइड बनाया गया और संयुक्त प्रांत (अब उत्तर प्रदेश और उत्तराखंड) के प्रतिनिधिमंडल के आगंतुकों के कैंप की व्यवस्था की देख-रेख का अतिरिक्त उत्तरदायित्व भी दिया गया। यहाँ सबसे पहले मेरी भेंट हाथरस के नंदकुमार देव वशिष्ठ से हुई, जो बाद में यहीं से उत्तर प्रदेश की प्रथम विधानसभा के सदस्य भी रहे। यह अधिवेशन मेरे लिए वास्तविक रूप से परिवर्तनकारी

रहा, एक नई राह खुली, जिसके द्वार पर मेरी भेंट गढ़वाल-कुमाऊँ के प्रतिनिधिमंडल के सदस्य हरगोविंद पंत, कुमाऊँ केसरी बद्रीदत्त पांडेय, विक्टर मोहन जोशी, देवी सिंह कौरिया, अनुसूया प्रसाद बहुगुणा, कृपाराम मिश्र 'मनहर', नारायणदत्त पोखरियाल आदि से हुई।

सेवादल के योगदान और उसकी कार्यकुशलता को देखते हुए, सभी का अनुरोध था कि गढ़वाल-कुमाऊँ में भी युवाओं को इसी प्रकार का प्रशिक्षण दिया जाए और इन सुप्रशिक्षित युवाओं के माध्यम से व्यापक जनजागरण करके पहाड़ के हर एक व्यक्ति को आजादी के आंदोलन से जोड़ा जाए। मेरे मन की आवाज भी यही थी। मैंने उनसे कहा कि यदि वे मुझे आमंत्रित करना चाहें, तो सेवादल के कमांडर डॉ. हार्डिकर से बात करें। अंत में, मुझे कुमाऊँ के लिए सत्याग्रह गाइड का निरीक्षक बनकर रानीखेत जाने का निदेश दिया गया।

सेवादल के योगदान और उसकी कार्यकुशलता को देखते हुए, सभी का अनुरोध था कि गढ़वाल-कुमाऊँ में भी युवाओं को इसी प्रकार का प्रशिक्षण दिया जाए और इन सुप्रशिक्षित युवाओं के माध्यम से व्यापक जनजागरण करके पहाड़ के हर एक व्यक्ति को आजादी के आंदोलन से जोड़ा जाए।

ब्रिटिश सेना में काम करते हुए जब मेरा स्थानांतरण लाहौर में हुआ, तो मेरे अनुज बलीराम कॉलेज की पढ़ाई के लिए मेरे साथ लाहौर आ गए थे। जैसे कि पहले बताया जा चुका है, मुझे मेरे खिलाफ गिरफ्तारी वारंट जारी होने की सूचना मिली तो मैंने गिरफ्तारी से बचने के लिए कुछ दिनों के लिए लाहौर छोड़ने का निश्चय किया और गिरफ्तार होने से पूर्व मैं लगभग तीन-चार महीने फरार रहा। इस बीच पुलिस मेरे मकान से मेरे छोटे भाई बलीराम को जबरन और मनमाने तरीके से बिना किसी

अरेस्ट वारंट के उठा ले गई। हिमाचल से पकड़े जाने के बाद बलीराम और मैं न जाने कितने दिनों तक लाहौर की उस विशाल सेंट्रल जेल में ही कैद रहे, किंतु एक-दूसरे की गिरफ्तारी और हालात से अंजान। जेल से रिहाई के बाद मैं ठिकाने पर लौटने के बजाए सीधे रावी नदी के किनारे आयोजित अधिवेशन में शामिल होने चल पड़ा। अधिवेशन की सफतापूर्वक समाप्ति पर लौटा, तो पता चला कि मेरे लाहौर छोड़ने के तुरंत बाद ही पुलिस ने बलीराम को हिरासत में ले लिया था और मेरे लौटने के एक-दो दिन पहले ही मरणासन्न अवस्था में छोड़ गए थे।

मेरा छोटा भाई मेरे साथ आया तो पढ़ाई-लिखाई के लिए था, किंतु मेरे कारण आज घायल पड़ा था। उसके अधमरे पड़े शरीर को देखकर कुछ क्षणों के लिए तो मैं किंकर्तव्यविमूढ़ सा खड़ा रहा, किंतु अब पीछे मुड़ना संभव न था। मैंने सोचा कि लक्ष्मण के मूर्च्छित होने पर राम विचलित तो जरूर हुए होंगे, किंतु वे विरक्त नहीं हुए; संग्रामरत व्यक्ति के लिए विरक्ति विकल्प नहीं है।

मेरा छोटा भाई मेरे साथ आया तो पढ़ाई-लिखाई के लिए था, किंतु मेरे कारण आज घायल पड़ा था। उसके अधमरे पड़े शरीर को देखकर कुछ क्षणों के लिए तो मैं किंकर्तव्यविमूढ़ सा खड़ा रहा, किंतु अब पीछे मुड़ना संभव न था। मैंने सोचा कि लक्ष्मण के मूर्च्छित होने पर राम विचलित तो जरूर हुए होंगे, किंतु वे विरक्त नहीं हुए; संग्रामरत व्यक्ति के लिए विरक्ति विकल्प नहीं है।

जैसा कि मुझे जल्द-से-जल्द लाहौर से निकलकर गढ़वाल-कुमाऊँ की ओर प्रस्थान करने और वहाँ सेवादलों का गठन करके उन्हें प्रशिक्षित करने का निर्देश दिया गया था, मुझे अपना बोरिया-बिस्तर बाँधना पड़ा। वैसे तो क्रांतिकारियों के लिए सभी बड़े अस्पतालों के

दरवाजे पहले से ही बंद थे, दूसरा मेरे पास इलाज करवाने के लिए कोई साधन भी तो न थे। साथियों की सहायता से यथासंभव प्राथमिक उपचार करवाने के बाद मैं बलीराम को लेकर गढ़वाल में अपने गाँव की ओर निकल पड़ा।

घर पहुँचने पर वहाँ कोहराम मच गया। परिवार का भविष्य मेरे कारण मरणासन्न पड़ा था। मैंने पिताजी को पहली बार इतना असहाय और असहज अवस्था में देखा था। उस समय मैं उनका सामना करने की स्थिति में नहीं था। माँ से तो मैं आँखें मिलाने का भी साहस नहीं कर पाया। अपना पक्ष रखने के लिए कोई खास तथ्य मेरे पास नहीं थे; और जख्मों को सिल देने का समय भी नहीं था; मैंने उसी दिन घर छोड़कर रानीखेत के लिए कूच कर लिया।

□

चित्रमाला

भा.क.पा. के संस्थापक सदस्य
श्रीपाद अमृत डांगे

स्वतंत्रता सेनानी
केदारनाथ सहगल

स्वतंत्रता सेनानी भीमसेन सच्चर

सेवादल के संस्थापक डॉ. नारायण
सुब्बाराव हार्डिकर

महान् नाटककार द्विजेंद्रलाल राय

अंग्रेज इतिहासकार कर्नल जेम्स टॉड

सभी तसवीरें साभार : इंटरनेट मीडिया

3

गढ़वाल-कुमाऊँ में सेवादलों की स्थापना और चूनाधार कांड

पहले-पहल रानीखेत में सेवादल के मेरे प्रशिक्षण में कुल 64 व्यक्ति शामिल हुए। उसके बाद बीरभट्टी, नैनीताल में 94 युवाओं को ट्रेनिंग दी गई। धीरे-धीरे संख्या बढ़ने लगी, सोमेश्वर में 150 युवाओं को ट्रेनिंग देने के बाद मैंने बागेश्वर में एक विशाल प्रशिक्षण शिविर का संचालन किया, जिसमें सैकड़ों नौजवानों को सत्याग्रह का प्रशिक्षण दिया गया। कुमाऊँ में तमाम प्रशिक्षण और जागरूकता शिविरों के आयोजन के पश्चात्, मैं गढ़वाल की ओर मुड़ा। गढ़वाल का प्रवेशद्वार होने के नाते मैंने अपना कार्यालय दुगड्डा में स्थापित किया और कृपाराम मिश्र 'मनहर' देवकीनंदन ध्यानी, प्रताप सिंह नेगी तथा छवाण सिंह नेगी के सहयोग से सत्याग्रह शिविर की स्थापना की।

कुछ दिन तक यहाँ तमाम छोटे-बड़े सम्मेलन आयोजित करने और प्रशिक्षण शिविर चलाने और एक सुप्रशिक्षित सेवादल तैयार हो जाने के पश्चात् हमने अपने डैने फैलाने की योजना बनाई। मैंने अपने साथियों के साथ मिलकर सत्याग्रह और आजादी के विचार को दूरस्थ गाँवों तक ले जाने की रूपरेखा तैयार की।

मुझे लगा, क्यों न मंदिर में चिराग जलाने से पहले अपना घर रोशन किया जाए। मैं अपने गाँव पहुँचा और वहाँ से बीरोंखाल, पड़सोली

और डुँगरी में सभाएँ आयोजित करने की व्यवस्थाएँ कीं और इन जगहों पर विशाल सभाएँ आयोजित कीं। यहाँ श्री मस्तराम ध्यानी, भुवनेश घिल्डियाल, गौर सिंह, वीरसिंह, झबर सिंह आदि कुछ नए साथी जुड़े, जिनको लेकर मैं दुगड्डा लौट आया।

दुगड्डा में सभी साथियों के साथ बातचीत करके यह निर्णय लिया गया कि कुछ ही दिनों बाद पौड़ी मुख्यालय में आयोजित होने वाली कुमाऊँ परिषद् की बैठक में भाग लिया जाए। मैंने 50-60 साथियों का जत्था लेकर पौड़ी की ओर कूच किया, रास्ते में हम नौगाँवखाल में रुके, वहाँ से भाई चंद्रसिंह, नारदानंद, कुँवर सिंह मस्ताना तथा नत्थी सिंह को लेकर पौड़ी पहुँचे। कुमाऊँ परिषद् की इस बैठक की अध्यक्षता श्री बृजमोहन चंदोला ने की, इसमें गढ़वाल और कुमाऊँ के अनेक प्रतिनिधियों ने भाग लिया।

मैंने 50-60 साथियों का जत्था लेकर पौड़ी की ओर कूच किया, रास्ते में हम नौगाँवखाल में रुके, वहाँ से भाई चंद्रसिंह, नारदानंद, कुँवर सिंह मस्ताना तथा नत्थी सिंह को लेकर पौड़ी पहुँचे।

उस दौर में, 06 अप्रैल, 1930 को गांधीजी द्वारा आरंभ किया गया सविनय अवज्ञा आंदोलन अपने उत्कर्ष पर था; देश अब स्वायत्तता (dominion) नहीं, बल्कि स्वराज (स्वतंत्रता) की माँग कर रहा था। इस बैठक में कांग्रेस द्वारा पूर्ण स्वराज की घोषणा के समर्थन में प्रस्ताव पारित किया गया। इस प्रस्ताव में यह भी स्पष्ट किया गया कि अंग्रेज सरकार को संबोधित करते समय अब 'प्रार्थना' शब्द का प्रयोग नहीं किया जाएगा; बल्कि 'अनुरोध' शब्द का प्रयोग किया जाएगा। बैठक में 5 आना कर (लगान) के विरोध में जनसभाएँ करके जन-जागरण करने का भी निर्णय लिया गया।

'पूर्ण स्वराज' के प्रस्ताव के अनुसार भारत की स्वतंत्रता का उद्घोष करने और उक्त लगान के विरोध में व्यापक आंदोलन आरंभ

करने के लिए हमने श्री बद्रीनाथ धाम पहुँचकर कांग्रेस का झंडा फहराने का निर्णय लिया। कार्यक्रम इस प्रकार बनाया गया कि सभी कार्यकर्ताओं को तीन समूहों में बाँटा जाए। पहला जत्था सीधे मार्ग से जाकर श्री बद्रीनाथ धाम में ध्वजा चढ़ाएगा, दूसरा जत्था बारहस्यूं, सितोनस्यूं की ओर से बढ़ेगा और तीसरा पैठाणी होकर बद्रीनाथ पहुँचेगा।

मुझे ठीक-ठीक याद है कि 16 मई, 1930 की शाम को लगभग 6 बजे देवकी नंदन ध्यानी, जीतराम देवरानी, मंगतराम, पंचम सिंह, बालम सिंह आदि को लेकर मैं श्री बदरीनाथ धाम पहुँचा और साढ़े छह बजे राष्ट्रगीत 'वंदे मातरम्' गाते हुए हमने अनुसूया प्रसाद बहुगुणा के नेतृत्व में मंदिर के कलश पर कांग्रेस का झंडा चढ़ाया। इस प्रकार, 5 आना लगान के विरोध में चमोली से सविनय अवज्ञा आंदोलन का शुभारंभ हुआ।

मुझे ठीक-ठीक याद है कि 16 मई, 1930 की शाम को लगभग 6 बजे देवकी नंदन ध्यानी, जीतराम देवरानी, मंगतराम, पंचम सिंह, बालम सिंह आदि को लेकर मैं श्री बदरीनाथ धाम पहुँचा और साढ़े छह बजे राष्ट्रगीत 'वंदे मातरम्' गाते हुए हमने अनुसूया प्रसाद बहुगुणा के नेतृत्व में मंदिर के कलश पर कांग्रेस का झंडा चढ़ाया।

इसी क्रम में एक बार हम रुद्रप्रयाग में श्री घनश्याम डिमरी के सभापतित्व में एक बड़ी सभा कर रहे थे; इस बीच डिप्टी कमिश्नर इबटसन आ धमका और उसने हमें रोकने तथा सभा भंग करने के भरसक प्रयास किए, किंतु हमने स्पष्ट कर दिया कि हमें कोई नहीं रोक सकता। इबटसन की एक न चली, इससे वहाँ उपस्थित लोगों में और भी जोश भर गया। सभा में जनता को अंग्रेज सरकार को टैक्स न देने और भारत की स्वतंत्रता के लिए हो रहे संग्राम में शामिल होने के लिए प्रेरित किया गया।

सभा की समाप्ति के बाद हम रात को नंदप्रयाग पहुँचे ही थे कि रामसिंह कानूनगो अपने विभाग से 60–70 कर्मियों का दल लेकर अनुसूयाप्रसाद बहुगुणा, देवकीनंदन ध्यानी और मेरा गिरफ्तारी वारंट लेकर पहुँच गए। अनुसूयाजी मेरे पास आए और बोले, "अब हम सुबह 8:30 बजे से पहले नहीं मिल सकते।"

उसी रात कुछ देर बाद बहुगुणा जी ने मुझे सलाह दी कि तुम मेरा घोड़ा लेकर अभी रात में ही भाग जाओ और गढ़वाल में सभाएँ करके इस बढ़ी हुई 5 आना रकम (टैक्स) का विरोध करो। उन्होंने समझाया कि यदि हम तीनों गिरफ्तार हो गए, तो यह आंदोलन ठप्प हो जाएगा और सारे किए कराए पर पानी फिर जाएगा।

उसी रात कुछ देर बाद बहुगुणा जी ने मुझे सलाह दी कि तुम मेरा घोड़ा लेकर अभी रात में ही भाग जाओ और गढ़वाल में सभाएँ करके इस बढ़ी हुई 5 आना रकम (टैक्स) का विरोध करो। उन्होंने समझाया कि यदि हम तीनों गिरफ्तार हो गए, तो यह आंदोलन ठप्प हो जाएगा और सारे किए कराए पर पानी फिर जाएगा।

मैं अनुसूया प्रसादजी का घोड़ा लेकर अपने तीन साथियों सहित रुद्रप्रयाग की ओर चल पड़ा। वहाँ मुझे गिरफ्तार करने के लिए पहले से ही पुलिस तैनात कर दी गई थी, किसी तरह इस बात का पता चला, तो मैंने अपना घोड़ा रघुनंदन घिल्डियालजी के घर पर छोड़ दिया और पैदल–पैदल नयालगढ़ होते हुए खंडाह पहुँचा, वहाँ से मैं अपने तीनों साथियों सहित डोभ गाँव के सकलानंद शास्त्रीजी के पास पहुँचा और अंत में सितोनस्यूं महादेव मंदिर जाकर प्रतापसिंह नेगी और रामसिंह सौंडालजी से मिला। मैंने देखा कि वे 25–30 व्यक्तियों के साथ महादेव मंदिर के बाहर बैठे हैं और मंदिर पर कब्जा जमाए हुए एक नागा जोगी उन्हें मंदिर में

प्रवेश करने से रोके हुए हैं। लोगों ने बताया कि इस नागा जोगी ने कई दिनों से उन्हें बहुत परेशान किया हुआ था, इसने न जाने कहाँ से आकर अपने दो-तीन अवधूत साथियों के साथ मंदिर पर कब्जा कर लिया।

मामले की सत्यता जानने के लिए मैंने मंदिर की माई (जोगन) से बात की। बात को पूरी तरह समझ लेने के बाद मैं मंदिर की ओर बढ़ा, तो देखा कि एक विशालकाय गौरवर्ण नागा बाबा विशाल त्रिशूल थामे हुए मंदिर के द्वार की सीढ़ियों पर विराजमान हैं। तन पर भस्म रमाकर बैठा वह साधु किसी बड़े हिमखंड की भाँति चमक रहा था। मैंने महादेव को नमन करते हुए बाबाजी से पूछा, "कहाँ से हो बाबाजी?"

मामले की सत्यता जानने के लिए मैंने मंदिर की माई (जोगन) से बात की। बात को पूरी तरह समझ लेने के बाद मैं मंदिर की ओर बढ़ा, तो देखा कि एक विशालकाय गौरवर्ण नागा बाबा विशाल त्रिशूल थामे हुए मंदिर के द्वार की सीढ़ियों पर विराजमान है।

बाबा कड़कती हुई आवाज में बोले, "हम तो हर जगह व्याप्त हैं।"

मैंने कहा, "चलो मान लिया, लेकिन आपने इन ग्रामीणों को उनके अपने ही मंदिर में आने से क्यों रोका हुआ है?"

बाबाजी पहले ही किसी सम्राट् की मुद्रा में विराजमान होकर बैठे थे, मेरा प्रश्न सुनकर वह और अधिक तन गए और उत्तर में बोले, "हम कुछ भी कर सकते हैं…!"

बाबा का इस प्रकार का मनमाना अंदाज देखकर मेरे अंदर बिजली सी दौड़ गई। मुझे ऐसे लगने लगा जैसे कोई आततायी अंग्रेज मेरे समक्ष बैठा है और वह हाथ में बंदूक लिए मेरी धरती पर कब्जा छोड़ने को तैयार नहीं है।

मैं बिजली की गति से बाबा की ओर लपका और एक ही झटके में बाबा को निःशस्त्र कर मंदिर प्रांगण से बाहर की ओर दौड़ गया। मैं

चिल्लाया, "तुम्हें जाना होगा!"। बाबा मेरे पीछे-पीछे दौड़ पड़े। लोगों की भीड़ मेरे साथ खड़ी हो गई। अचानक जमावड़ा बढ़ गया। आक्रामक भीड़ को देखकर बाबा के अवधूत साथी चुपचाप निकल गए। अंत में, नागा बाबा ने भी समझदारी दिखाते हुए उस स्थान को त्याग देने में ही भलाई समझी।

उत्साह के इस माहौल को देखते हुए, मैंने उस विशाल जनसमूह को संबोधित किया और अंग्रेजों को लगान न देने तथा उन्हें देश से भगाने के लिए जनता का आह्वान किया। यहाँ से जाते समय हमने कठुडा में ब्रजवासी लालजी के घर भोजन किया, ग्राम कठुडा में एक सभा करने के बाद हम डांडापाणी होते हुए रात में सल्ट पहुँचे।

पहुँचते-पहुँचते रात काफी हो चुकी थी, हमने कई दरवाजे खटखटाए, लेकिन कहीं जगह नहीं मिली तो गाँव के खेतों में एक बड़े 'खड़ीक' के पेड़ के नीचे रात बितानी पड़ी। सुबह होते ही हम भगवतीचरण निर्मोहीजी के गाँव सिराला की ओर निकल पड़े। यहाँ से देवप्रयाग की ओर बढ़ते हुए हमने कई जगह सभाएँ कीं। देवप्रयाग में हम कालीकमली धर्मशाला में ठहरे।

पहुँचते-पहुँचते रात काफी हो चुकी थी, हमने कई दरवाजे खटखटाए, लेकिन कहीं जगह नहीं मिली तो गाँव के खेतों में एक बड़े 'खड़ीक' के पेड़ के नीचे रात बितानी पड़ी। सुबह होते ही हम भगवतीचरण निर्मोहीजी के गाँव सिराला की ओर निकल पड़े।

यहाँ कुछ दिन रुककर मैंने व्यापक सदस्यता अभियान चलाया, जिसके तहत कई लोगों को कांग्रेस का सदस्य बनाया। सदस्यता अभियान के दौरान हमें दो अनाथ बालिकाएँ मिलीं, जिनमें से एक की आयु 5 वर्ष और दूसरी की 7 वर्ष रही होगी। हमने उन्हें साथ लिया और उनको लेकर व्यास घाट पहुँचे। दूसरे दिन गुमखाल होते हुए प्रतापसिंह नेगी के गाँव

ढौंरी, डबरालस्यूं गए। अब समस्या यह थी कि इन छोटी-छोटी बच्चियों की समुचित व्यवस्था कैसे और कहाँ की जाए।

अंत में, उन बालिकाओं को हरिद्वार अनाथालय में भेजने की व्यवस्था की गई, जहाँ श्री राधा बल्लभ खंडूरी ने उनकी सेवा-शुश्रूषा की और कुछ वर्ष बाद स्वयं उनका कन्यादान किया। अंत में, छवाण सिंह नेगी, मास्टर गोपाल सिंह, डॉ. कांतिचंद उनियाल आदि की उपस्थिति में पौखाल अजमेर में एक बैठक आयोजित की गई। इस बैठक में सरकार द्वारा लगाए गए कर का विरोध किया गया और आगे की रणनीति बनाई गई। यहाँ से हम दुगड्डा लौट गए।

इस बीच दुगड्डा में एक विशाल सत्याग्रह सम्मेलन की तैयारियाँ की जा रही थीं, इस सम्मेलन का उद्घाटन गोविंद बल्लभ पंत द्वारा किया जाना था। कृपाराम मिश्र 'मनहर', दरबान सिंह शाह और बालकराम सिंह के साथ मैं छवाण सिंह नेगी से मिलने पहुँचा और हमने यमकेश्वर में सभा करने का निश्चय किया। छवाण सिंह नेगी ने राय दी कि यदि उदयपुर क्षेत्र में कांग्रेस का आंदोलन फैलाना है, तो किसी भी कीमत पर ठाकुर जगमोहन सिंह नेगी को कांग्रेस में लाना होगा। हम सभी जगमोहन सिंहजी के पास गए, उनसे अनुरोध करते हुए उन्हें उक्त बैठक की अध्यक्षता करने के लिए राजी कर लिया। वह घोड़े पर बैठकर सैकड़ों लोगों के साथ यमकेश्वर पहुँचे। यहाँ हजारों लोगों ने उनकी जय-जयकार की। छवाण सिंह नेगी

इस बीच दुगड्डा में एक विशाल सत्याग्रह सम्मेलन की तैयारियाँ की जा रही थीं, इस सम्मेलन का उद्घाटन गोविंद बल्लभ पंत द्वारा किया जाना था। कृपाराम मिश्र 'मनहर', दरबान सिंह शाह और बालकराम सिंह के साथ मैं छवाण सिंह नेगी से मिलने पहुँचा और हमने यमकेश्वर में सभा करने का निश्चय किया।

इस क्षेत्र में अच्छा-खासा प्रभाव रखते थे। उनकी छवि एक बहादुर, दिलेर और जिंदादिल इनसान के रूप में सुविख्यात थी। उनके अपार सहयोग से यमकेश्वर में एक बड़ी सभा संपन्न हुई। तत्पश्चात्, श्री नारायण दत्त महंत, रूपचंद उनियाल, तुलाशाह, मनोहर सिंह, चंदन सिंह बिष्ट, गंगा सिंह ब्रह्मचारी, स्वामी ज्ञानानंद संन्यासी आदि मित्रों से विचार-विमर्श के बाद यह निर्णय लिया गया कि इस क्षेत्र में व्यापक रूप से सत्याग्रह किया जाए और प्रत्येक गाँव जाकर 5 आना लगान का विरोध किया जाए।

इसी समय खबर मिली कि गोविंद बल्लभ पंत गिरफ्तार कर लिये गए हैं और यह तय किया गया कि उनके स्थान पर सम्मेलन का उद्‌घाटन हरगोविंद पंत करेंगे। अब हमने कांडी में सत्याग्रह का दायित्व नारायण दत्त 'महंत', चंदन सिंह विष्ट, महानंद, नारायण सिंह बिजलीवाले एवं तुलाशाह को सौंप दिया और आगे बढ़ने का निश्चय किया।

इसी समय खबर मिली कि गोविंद बल्लभ पंत गिरफ्तार कर लिये गए हैं और यह तय किया गया कि उनके स्थान पर सम्मेलन का उद्‌घाटन हरगोविंद पंत करेंगे। अब हमने कांडी में सत्याग्रह का दायित्व नारायण दत्त 'महंत', चंदन सिंह विष्ट, महानंद, नारायण सिंह बिजली वाले एवं तुलाशाह को सौंप दिया और आगे बढ़ने का निश्चय किया। अपने कुछ साथियों को लेकर मैंने बुलेखा, रिखणीखाल के रमणीजी से भेंट की, यहाँ से कलीगाढ़ के लीलानंद लखेड़ा, सदानंद भारद्वाज, सदानंद सुंदरियाल को साथ लेकर भौन-गुजडू क्षेत्र में सरकार के विरोध में सभाएँ कीं। अंत में, मैं पट्टी खटली में तमाम जगह कार्यक्रम करने के पश्चात् रिखणीखाल पहुँचा और लगभग 60-70 लोगों का जत्था लेकर रिखणीखाल मार्ग से दुगड्डा लौट आया। इस जत्थे में विष्णुसिंह गोर्ला रावत पड़सोली, बलवंत सिंह रावत, मस्तराम ध्यानी, कुलानंद घिल्डियाल आदि भी शामिल थे।

इस बीच टिहरी के रवाँई क्षेत्र के तिलाड़ी मैदान में एक भीषण कांड हुआ जिसमें कई लोग मारे गए। मुझे और भोलादत्त चंदोला वकील को टिहरी जाना पड़ा, हमने टिहरी की जनता को ढाढस बँधाया और प्रजा आंदोलन के दमन के विरोध में आवाज उठाने के लिए उनका उत्साहवर्धन किया और उन्हें संघर्ष जारी रखने का हौसला दिया। लगभग एक महीने तक प्रजा आंदोलन में सहयोग देने और उस आंदोलन के शीर्ष नेताओं से भेंट कर अपना समर्थन जताने के बाद हम लौट आए।

पूर्व में रुद्रप्रयाग में डिप्टी कमिश्नर इबटसन के साथ हुई बहसबाजी की घटना के बाद मेरे खिलाफ गिरफ्तारी वारंट पहले ही जारी हो चुका था; पुलिस मुझे पकड़ने की फिराक में जगह-जगह दबिश दे रही थी। इसलिए मैं भूमिगत होकर काम कर रहा था। मैंने न सिर्फ अंग्रेजों के विरुद्ध जन-जागरण की बात उठाई, बल्कि समाज में व्याप्त बुराइयों का शमन करने पर भी जोर दिया। हमने शराब की दुकानों पर सत्याग्रह, पिकेटिंग आदि करना, अनाथों और विधवाओं के पुनर्वास में सहयोग करना, डोला-पालकी जैसे अनेक सामाजिक मुद्दों पर सीधे एक्शन की नीति अपनाई, अर्थात् जहाँ ऐसा कुछ होते हुए पाओ, वहीं तत्काल सुधार करवाओ। इसके लिए मुझे और छवाण सिंह नेगी जैसे मेरे साथियों को कई बार सामाजिक बहिष्कार भी झेलना पड़ा।

पूर्व में रुद्रप्रयाग में डिप्टी कमिश्नर इबटसन के साथ हुई बहसबाजी की घटना के बाद मेरे खिलाफ गिरफ्तारी वारंट पहले ही जारी हो चुका था; पुलिस मुझे पकड़ने की फिराक में जगह-जगह दबिश दे रही थी। इसलिए मैं भूमिगत होकर काम कर रहा था। मैंने न सिर्फ अंग्रेजों के विरुद्ध जन-जागरण की बात उठाई, बल्कि समाज में व्याप्त बुराइयों का शमन करने पर जोर दिया।

इसी बीच, अंग्रेज प्रशासन के वन विभाग ने पलान नदी के आसपास तार-बाड़ कर दी, जिससे क्षेत्र के गाय, भेड़, बैल, बकरी आदि मवेशियों के चारागाह बंद हो गए। जनता के जंगलात के अधिकार सीमित कर दिए गए। यह क्षेत्र दुगड्डा से अधिक दूर नहीं था, अतः जल्द ही हमारे पास खबर पहुँच गई। हमने पलान नदी के पास सीरूबाड़ी, सेंधीखाल आदि के प्रतिबंधित वन क्षेत्र की तार-बाड़ उखाड़कर सरकारी नीतियों का विरोध किया। इस विरोध प्रदर्शन के दौरान कई कांग्रेसी कार्यकर्ता गिरफ्तार किए गए। इसी समय जयहरीखाल में बलदेवसिंह आर्य के नेतृत्व में धरना-प्रदर्शन हुआ, जिसमें 18 सत्याग्रहियों ने गिरफ्तारी दी।

सेंधीखाल क्षेत्र में जनता को उनके वन-अधिकार वापस दिलाने के पश्चात् मैंने पुनः गुजडू पट्टी की ओर रुख किया।

मैं 14-15 लोगों की टोली लेकर बढ़ रहा था कि रास्ते में ब्रिटिश सरकार के नुमाइंदे कानूनगो रेवती नंदन बहुगुणा टकरा गए और उनके साथ मेरी कुछ कहासुनी हो गई।

सेंधीखाल क्षेत्र में जनता को उनके वन-अधिकार वापस दिलाने के पश्चात् मैंने पुनः गुजडू पट्टी की ओर रुख किया।

मैं 14-15 लोगों की टोली लेकर बढ़ रहा था कि रास्ते में ब्रिटिश सरकार के नुमाइंदे कानूनगो रेवती नंदन बहुगुणा टकरा गए और उनके साथ मेरी कुछ कहासुनी हो गई। मैंने उन्हें जनता की ताकत का एहसास कराने के लिए उनसे उनका घोड़ा छीन लिया और वहाँ से चंपत हो गया। वह देखते रह गए। बाद में मुझे लगा कि वह एक भारतीय अधिकारी हैं, उनको अधिक प्रताड़ित करना ठीक नहीं होगा। तब मैंने घोड़ा वापस भिजवा दिया।

□

चित्रमाला

स्वतंत्रता सेनानी
अनुसूइया प्रसाद बहुगुणा

स्वतंत्रता सेनानी
बद्रीदत्त पांडे

स्वतंत्रता सेनानी
जगमोहन सिंह नेगी

स्वतंत्रता सेनानी
छवाण सिंह नेगी

स्वतंत्रता सेनानी
बलदेव सिंह आर्य

स्वतंत्रता सेनानी
कृपाराम मिश्र 'मनहर'

सभी तसवीरें साभार : इंटरनेट मीडिया

4

जादू-टोना

(थोकदारों और मालगुजारों का समर्थन प्राप्त करना)

मैं अंगणी होते हुए कठोलिया महादेव पहुँचा, दूसरे दिन अपने गाँव कांडा गया; उसी रात को हमने पखोली में नारायण दत्त पोखरियाल और गंगासिंह कंडारी से संपर्क किया, तो पता चला कि असिस्टेंट सेटलमेंट ऑफिसर प्रदोमन सिंह पूर्व में बढ़ाए गए 5 आना लगान की वसूली करने निकले हैं और कल-परसों तक बीरोंखाल पहुँच जाएँगे। मैं यह कतई नहीं चाहता था कि मालगुजार और थोकदार लगान की किस्तें देकर अंग्रेज सरकार का सहयोग करें। इसलिए ही तो हम वर्ष भर से सभाएँ करके जन-जागरण कर रहे थे। मैं साथियों सहित गुजडू पट्टी के पड़सोली गाँव पहुँचा; पड़सोली थोकदारों का गाँव था। थोकदारजी के चौक पर पहुँचते ही मैंने जोर से आवाज लगाई, "थोकदार साहब कहाँ हैं?" अंदर से आवाज आई, "सोए हुए हैं।"

मैंने कहा, "उन्हें जगाओ और कहो कि कप्तान साहब मिलना चाहते हैं।"

थोकदारजी गुस्से में दौड़कर बाहर छज्जे पर आए और बोले, "तुम मुझे बुलाने वाले कौन होते हो?"

मैंने तमक कर जवाब दिया, "मैं कप्तान नौटियाल हूँ, मैं तुम्हें जगाने के लिए आया हूँ। मुझे दीवामाता का संदेश आया है कि जाकर

थोकदार भीमसिंह से मिलो और कहो कि वे अधिक न सोएँ, वे जागें और देखें कि मुल्क में आजादी की रणभेरी बज चुकी है, सारा देश अंग्रेजों के खिलाफ हो गया है, महात्मा गांधी और देश के अन्य बड़े-बडे नेता आजादी की खातिर जेलों में बंद हैं और तुम अभी तक अंग्रेजों के लिए किस्तें जमा कर रहे हो?"

मैंने उनका खोया हुआ गौरव याद दिलाने के लिए कहा, "तुम उस खानदान के हो, जिसने कंत्यूरों और गोरखों से लोहा लिया है, जिसका प्रतीक यह कोठी है, वीरबाला तीलू रौतेली, भुपू रौत, खंडतू रौत, भक्तू, पत्वा रौत आदि तुम्हारे पूर्वजों ने अपना बलिदान देकर देश और समाज की रक्षा की है। आज देश अंग्रेजों का गुलाम है, उसे आजाद कराना है, इसलिए तुम विलासितापूर्ण जीवन छोड़कर अपने वीर पुरखों की तरह आगे बढ़ो और बिखरे हुए लोगों को संगठित करके देश की आजादी के लिए निकल पड़ो।"

तुम उस खानदान के हो, जिसने कंत्यूरों और गोरखों से लोहा लिया है, जिसका प्रतीक यह कोठी है, वीरबाला तीलू रौतेली, भुपू रौत, खंडतू रौत, भक्तू, पत्वा रौत आदि तुम्हारे पूर्वजों ने अपना बलिदान देकर देश और समाज की रक्षा की है।

काफी गहमा-गहमी के बाद थोकदार बोले, "मुझे स्वीकार है, लेकिन कप्तान साहब, मैं मुसीबत में हूँ। मेरी कुल जायदाद अमुक तारीख को नीलाम होने जा रही है, इसलिए पहले मुझे बचाने का उपाय करो, तभी मैं आपका साथ दे पाऊँगा।"

उन पर देबधार के उमराव सिंह साहूकार की 42,000 रुपए की डिक्री थी, जो पिछले तीन वर्ष से चल रही थी। मैंने मामले को टटोला और पता किया कि उमराव सिंह किनगोड़ी खाल से होते हुए लैंसडौन जाने वाले हैं।

मैंने एक योजना तैयार की। 20 आदमियों का एक जत्था रास्ते में सुनसान जगह पर खड़ा कर दिया। दूसरा जत्था जीतू की खाली में रणसिंघा बजाने के लिए तैनात किया। पड़सोली से कुछ छात्र, अध्यापक आदि गाजे-बाजे सहित आए, थोकदारजी की कोठी के अंदर वेदी बनाकर चक्रपूजा का माहौल तैयार किया गया, दशरथ मैंदोला एवं शंभू प्रसाद जोशी ने रंणसिंघा की हुंकार के साथ कंत्यूरों के साथ युद्ध में शहीद हुए वीरों की वीरगाथा का जोशपूर्ण गायन आरंभ कर दिया। गिंदोड़ा, भुजेला और खाडू (मेढ़ा) सहित जिस तलवार से कनकू कंत्यूरा को मारा गया था, उस तलवार की विधिवत् पूजा शुरू की गई।

ज्योंही उमराव सिंह आए, गाजे-बाजे वाली टोली ने उन्हें घेर लिया और चक्रपूजा की धुनें बजाने लगे। उधर दशरथ मैंदोला ने दैत्य श्रृंगार के साथ तलवारों की पूजा आरंभ कर दी। रणसिंघा बजने लगे, बहुरानियाँ चावल छिड़कने के लिए थालियों में चावल लेकर खड़ी हो गईं। ऐसा दृश्य उपस्थित हुआ कि साहूकार को पसीने छूटने लगे। घबराहट में बोले, "यह क्या किया जा रहा है।"

ज्योंही उमराव सिंह आए, गाजे-बाजे वाली टोली ने उन्हें घेर लिया और चक्रपूजा की धुनें बजाने लगे। उधर दशरथ मैंदोला ने दैत्य श्रृंगार के साथ तलवारों की पूजा आरंभ कर दी। रणसिंघा बजने लगे, बहुरानियाँ चावल छिड़कने के लिए थालियों में चावल लेकर खड़ी हो गईं। ऐसा दृश्य उपस्थित हुआ कि साहूकार को पसीने छूटने लगे।

मैंने कहा, "किसी ने थोकदारजी को बहुत परेशान किया हुआ है, जिससे देवता रुठ गए हैं।" यह सुनकर वह और अधिक सहम गए।

मैं साहूकारजी को उस तरफ ले गया, जहाँ तलवार पूजन हो रहा

था, "देवताओं ने सदैव ही दैत्य संहार कर भक्तों के कष्ट हरे हैं।" मैंने जोर देकर कहा।

चक्रपूजा और शस्त्रपूजा का ऐसा माहौल तैयार हुआ कि वह एकदम हक्का-बक्का रह गए। उनकी हालत देखकर मैंने कहा, "ऐसा तरीका निकालो, जिससे समस्या हल हो जाए।"

तमाम चर्चा के बाद अंत में राजीनामा हुआ, उन्होंने लिखकर दिया, 'मेरा भीमसिंह के ऊपर कुछ भी बकाया नहीं हैं।' हमने उमराव सिंह साहूकार के माथे पर अभयदान का तिलक लगाया। 'वंदे मातरम्' का गान करते हुए थोकदारजी की कोठी पर कांग्रेस का झंडा चढ़ाया और उन्हें कांग्रेस में शामिल करके एक साथ मिलकर आजादी की लड़ाई लड़ने का संकल्प दोहराया। इस प्रकार, जैसे भी बन पड़ा हमने कई अन्य थोकदारों और मालगुजारों को भी कांग्रेस में शामिल किया।

कुछ दिन बाद हमारा एक साथी सूचना लेकर आया कि विधानसभा के चुनाव होने जा रहे हैं और कांग्रेस ने इस चुनाव का विरोध करने की घोषणा की है। विरोध की रणनीति तैयार करने के लिए मुझे दुगड्डा आना पड़ा, दुगड्डा मेरा हेडक्वार्टर था।

कुछ दिन बाद हमारा एक साथी सूचना लेकर आया कि विधानसभा के चुनाव होने जा रहे हैं और कांग्रेस ने इस चुनाव का विरोध करने की घोषणा की है। विरोध की रणनीति तैयार करने के लिए मुझे दुगड्डा आना पड़ा, दुगड्डा मेरा हेडक्वार्टर था। वहाँ श्री कृपाराम मिश्र 'मनहर', प्रताप सिंह नेगी, विष्णु सिंह रावत, अनुसूया प्रसाद बहुगुणा, सकलानंद शास्त्री, छवाणसिंह नेगी, केसर सिंह के साथ बैठकर हमने विरोध संबंधी कार्यक्रम तैयार किए और अपनी सभाएँ करते रहे। हमारे प्रयासों के फलस्वरूप एक ही दिन में 76 मालगुजारों और थोकदारों ने मालगुजारी और थोकदारी

से त्यागपत्र दे दिया और अंग्रेज सरकार के विरुद्ध जाकर हमारे साथ खड़े हो गए।

उधर सेटलमेंट ऑफिसर ने पहुँचकर अपना काम आरंभ कर दिया था, लेकिन हमारे जमीनी काम की वजह से उन्हें कम ही सहयोग प्राप्त हुआ। उनके विरुद्ध पिकेटिंग के लिए 2,000 से अधिक लोग जुट गए। सेटलमेंट ऑफिसर को भेंट किए गए दूध के 56 लोटे, फलों और सब्जियों के कई थैले और घी की कई कमोलियाँ हमने अपने कब्जे में ले लीं और यह सारी सामग्री जनता के बीच बाँट दी। अंत में, इस विरोध प्रदर्शन के दौरान लगभग चार-पाँच हजार लोग जुट गए थे, हमने उन चार-पाँच हजार लोगों को अलग-अलग जत्थों में बाँटकर अलग-अलग क्षेत्रों में भेज दिया और इस आंदोलन को जन-जन तक पहुँचाने की जिम्मेदारी दी।

सेटलमेंट ऑफिसर को खाली हाथ लौटा देने के बाद मैं 14-15 लोगों के साथ रात को लगभग 9 बजे नौगाँवखाल में नौगाँव के तारादत्तजी की तिबारी में पहुँचा। मेरे पहुँचते ही वहाँ लोगों की भीड़ जमा हो गई। हमारी सभा आरंभ हुई, लेकिन तिबारी में अत्यधिक लोगों के जमा होने जाने के कारण तिबारी का लकड़ी का पसिणां, जिसमें शायद दीमक लगा हुआ था, टूट गया और सारा फर्श नीचे जा गिरा। उस तिबारी के ठीक नीचे के कमरे में एक बीमार आदमी लेटा हुआ था। फर्श के गिरने से नीचे लेटे हुए बीमार व्यक्ति की मृत्यु हो गई। इस घटना के बाद गाँव में बवंडर मच गया और कुछ लोग बिगड़ने लगे। अंत में मेरे कहने से सब मान गए और मामला सुलझ गया।

□

5

मैं खुद को ब्रिटिश सिटिजन नहीं मानता

मैं ढौंड गाँव में था, सूचना मिली कि लगभग 150 पुलिस जवानों के साथ डिप्टी कमिश्नर ब्राउन और डी.एस.पी. रामरतन सिंह मुझे गिरफ्तार करने आ रहे हैं। हमने ये सूचना चारों ओर भेज दी, कहीं रणसिंघा बजाया गया, तो कहीं ढोल-दमाऊ। रात में हजारों लोग आकर जमा हो गए। हम सब लोग लिस्कोट (धुमाकोट के निकट) पहुँचे, लिस्कोट में मेला सा लग गया। सुबह होते ही दो हजार व्यक्तियों के जत्थे के साथ थोकदार भीमसिंह, थोकदार नारायणसिंह, चंद्र सिंह रावत आदि भी उपस्थित हुए। थोकदार भीमसिंह अपने साथ नर्तकी मुन्नी, कसरी, गुल्मी को भी लाए। उस दिन भी अलग-अलग जगहों से दिनभर लोग आते रहे।

हम 6,000 फीट से अधिक की ऊँचाई पर थे, रात को ठंड बढ़ गई। लोगों ने लकड़ियाँ इकट्ठा कीं और रातभर संगीत एवं नृत्य के बीच आग सेंककर रात काटी, लेकिन पुलिस नहीं आई। अगली सुबह पता चला कि पुलिस मुझे भौन में गिरफ्तार करेगी, मैंने सोचा क्यों न भौन की बजाय बीरोंखाल में जनता के बीच में गिरफ्तारी दी जाए; मैं अपने कुछ साथियों के साथ बीरोंखाल की ओर निकल गया।

रास्ते में भटवाड़ौं नाम का एक छोटा सा गाँव पड़ता है। मैं यहाँ पर पानी पीने के लिए रुक गया; तभी रेवतीनंदन कानूनगो चार पटवारियों और

पुलिस की एक टीम को लेकर पहुँचे और पहुँचते ही बोले, "नौटियाल साहब, मैं आपको धारा 208 के तहत गिरफ्तार करता हूँ।"

मैं दो दिन से हजारों लोगों की भीड़ के बीच गिरफ्तारी देने का इंतजार कर रहा था। मेरा लक्ष्य था कि हजारों की भीड़ में गाजे-बाजे के साथ जेल जाने से जनता, विशेषकर युवाओं पर क्रांतिकारी प्रभाव पड़ेगा। एक रोमांचक गिरफ्तारी देखकर लोगों के बीच पुलिस का भय कम होगा और हमारे विचार अधिक-से-अधिक लोगों तक पहुँचेंगे। खैर, मुझे बहुत अफसोस हुआ कि ये कैसी सुनसान जगह पर गिरफ्तार होने जा रहा हूँ। मेरे मुंह से 'बिस्मिल' की ये पंक्तियाँ निकलीं—

मैं दो दिन से हजारों लोगों की भीड़ के बीच गिरफ्तारी देने का इंतजार कर रहा था। मेरा लक्ष्य था कि हजारों की भीड़ में गाजे-बाजे के साथ जेल जाने से जनता, विशेषकर युवाओं पर क्रांतिकारी प्रभाव पड़ेगा।

मालिक तेरी रजा रहे और तू ही तू रहे।
बाकी न मैं रहूँ, न मेरी आरजू रहे॥

मैं इन पंक्तियों को दोहरा ही रहा था कि मुझे घेर लिया गया, पुलिस इंसपेक्टर बोला,

"दोनों हाथ खड़े करो।"

मैंने कहा, "डरो नहीं, सत्याग्रही किसी को मारते नहीं।"

यह सुनते ही इंसपेक्टर ने मुझ पर पिस्तौल तान दी, उसकी यह हरकत मुझे बहुत नागवार गुजरी। मैं अपना गुस्सा नहीं रोक पाया और मैंने इंसपेक्टर के मुँह पर एक जोरदार घूँसा जड़ दिया, उसके मुँह से खून बहने लगा। तभी इंसपेक्टर के साथी सिपाही बंदूक की बटों के साथ मेरे ऊपर टूट पड़े। इससे पहले कि बात बढ़ती रेवतीनंदन कानूनगो बीच-

बचाव करने आए और उन्होंने पुलिस वालों को खूब लताड़ लगाई। रेवतीनंदन बोले "कप्तान साहब, खून-खराबे से कुछ हासिल नहीं होगा, आप कृपा करके सहयोग कीजिए।"

मैंने कहा, "मुझे सम्मानपूर्वक चलने में कोई गुरेज नहीं और मैं अंग्रेज सिपाहियों के साथ पैदल नहीं जाऊँगा। मेरे लिए घोड़ा लाया जाए।"

रेवतीनंदन ने घोड़े की व्यवस्था की और उसके बाद मुझे उस घोड़े पर बिठाकर लिस्कोट बँगले में ले जाया गया। मेरी गिरफ्तारी की खबर जंगल की आग की तरह फैल गई थी, लिस्कोट बँगले में भारी भीड़ इकट्ठा हो गई। मैंने उपयुक्त अवसर जान कर वहाँ उपस्थित लोगों के बीच 5 आना रकम (टैक्स) के विरोध में बोलना शुरू कर दिया। डी.एस.पी. रामरतन सिंह और डिप्टी कमिश्नर ब्राउन को मेरा सत्याग्रहियों को संबोधन करना अच्छा नहीं लगा। डी.एस.पी. तमतमाते हुए बोला, "इस गुंडे को घोड़ा किसने दिया, इसे उतारो और घसीटकर यहाँ लाओ?"

रेवतीनंदन ने घोड़े की व्यवस्था की और उसके बाद मुझे उस घोड़े पर बिठाकर लिस्कोट बँगले में ले जाया गया। मेरी गिरफ्तारी की खबर जंगल की आग की तरह फैल गई थी, लिस्कोट बँगले में भारी भीड़ इकट्ठा हो गई। मैंने उपयुक्त अवसर जान कर वहाँ उपस्थित लोगों के बीच 5 आना रकम (टैक्स) के विरोध में बोलना शुरू कर दिया।

मैंने उसी के अंदाज में जवाब दिया, "अपनी अंग्रेजों की जी हुजूरी को देखो और मेरी देशभक्ति को समझो। बेहतर चुप ही रहो।"

मैं घोड़े पर बैठकर सत्याग्रहियों को संबोधित करता रहा और पुलिस ने डंडे बरसाने शुरू कर दिए। लाठीचार्ज होते ही भगदड़ मच गई। मुन्नी, कसरी, गुल्मी मिरासिनें भागने लगीं, तबले गिरा दिए गए ग्यूड़,

भद्दू मिरासी जान बचाने के लिए जगह ढूँढ़ने लगे। संगीनों की आवाजें सुनकर कई लोगों के पाजामे गीले हो गए। मैंने घोड़े को एड़ लगाई और लोगों के ठीक बीच में जाकर उनको ललकारा, "साथियो! देशभक्तों के बलिदानों को याद करो, देश की आजादी के लिए आगे बढ़ो और मुकाबला करो, भागो नहीं। ऐसे दिन रोज नहीं आते।"

लोग रुक गए और लौटने लगे। मैंने अपना संबोधन जारी रखा। बंदूकों और लाठियों की आवाजें थम गईं। तभी असिस्टेंट सेटलमेंट ऑफिसर प्रदोमन सिंह आए और बोले, "तुमने अपना काम पूरा कर लिया है, अब कमरे में चलो।" स्थिति नियंत्रण में जान, मैं उनके साथ अंदर चल दिया। मुझे कमरे में एक कुरसी पर बिठाया गया। बैठते ही मैंने कहा, "हुक्का लाओ, मेरा हुक्का पीने का समय हुआ है।" पहले तो मना कर दिया गया, किंतु बाद में कहीं से व्यवस्था की गई।

कुछ देर बाद डिप्टी कमिश्नर ब्राउन ने प्रवेश किया और आते ही बोला, "आपको चौथे आर्डिनेंस के तहत छह माह की सजा और 500 रुपए जुरमाना लगाया जाता है और तीन अन्य मुकदमे बाद में चलाए जाएँगे।" यह कहकर डिप्टी कमिश्नर चला गया। मेरा निजी घोड़ा और सामान 120 रुपए में नीलाम कर दिया गया।

कुछ देर बाद डिप्टी कमिश्नर ब्राउन ने प्रवेश किया और आते ही बोला, "आपको चौथे आर्डिनेंस के तहत छह माह की सजा और 500 रुपए जुरमाना लगाया जाता है और तीन अन्य मुकदमे बाद में चलाए जाएँगे।" यह कहकर डिप्टी कमिश्नर चला गया। मेरा निजी घोड़ा और सामान 120 रुपए में नीलाम कर दिया गया।

लिस्टकोट में उठी यह चिंगारी पूरे क्षेत्र में फैल गई। 'कप्तान नौटियाल गिरफ्तार हो गए हैं', यह खबर मिलते ही लोगों ने लिस्टकोट

की ओर कूच करना आरंभ कर दिया। गुप्तचर विभाग को पता चला कि जनता भारी गुस्से में है तथा धीरे-धीरे भीड़ और अधिक बढ़ सकती है। तभी एक इंसपेक्टर आया और बोला, "डिप्टी कमिश्नर साहब आपसे मिलना चाहते हैं।"

मैंने कहा, "मुझ कैदी से क्या मिलना है, डिप्टी कमिश्नर को।"

फिर प्रदोमन सिंह आए और उन्होंने समझाया, "मेरी राय मानो, डी.सी. साहब से मिल लो।"

मैं कमिश्नर ब्राउन के पास गया। कमिश्नर ब्राउन बोले, "मुझे खबरें मिली हैं कि आपको छुड़ाने के लिए हजारों लोग लाठी-डंडों और हथियारों के साथ आ रहे हैं। हमारे पास भी डेढ़-दो सौ हथियारबंद सिपाही हैं। ऐसे हालात में जनता हम पर पत्थर-डंडे चलाएगी तो हमें गोलियाँ चलानी पड़ेंगी; कुछ इधर मरेंगे, कुछ उधर मरेंगे। अंत में, मामला ठंडा पड़ जाएगा, लेकिन एक दिन ऐसा भी आएगा, जब सरकार मुझसे और कांग्रेस आपसे पूछेगी कि आपने ऐसा मौका क्यों आने दिया कि सत्याग्रहियों पर गोली चलानी पड़ी। महात्मा गांधी ने जो सत्याग्रह छेड़ा है, उसमें लाठी-ठंडे का इस्तेमाल करना निषेध है। लोग नारे लगाएँ, विरोध करें, परंतु हाथ न उठाएँ और हिंसा न करें।"

मुझे खबरें मिली हैं कि आपको छुड़ाने के लिए हजारों लोग लाठी-डंडों और हथियारों के साथ आ रहे हैं। हमारे पास भी डेढ़-दो सौ हथियारबंद सिपाही हैं। ऐसे हालात में जनता हम पर पत्थर-डंडे चलाएगी तो हमें गोलियाँ चलानी पड़ेंगी; कुछ इधर मरेंगे, कुछ उधर मरेंगे।

कुछ देर चुप रहकर वह फिर बोले, "एक डी.सी. होने के नाते मेरे लिए एक कांग्रेसी की मदद करना जुर्म है, किंतु एक इनसान होने के नाते मैं कह सकता हूँ कि यह प्रत्येक व्यक्ति का कर्तव्य है कि वह अपने

देश को आजाद करे। हमारे देश में भी महात्मा गांधी की तरह वेल्स में सत्याग्रह शुरू हुआ था। इसलिए आप जैसे लोगों के लिए मेरे दिल में बड़ा सम्मान है।"

अंत में उन्होंने कहा, "आप अपने साथियों के नाम एक चिट्ठी लिखकर हमें दे दें; उसमें लिखें कि 5–5 या 10–10 की टोली बनाकर सत्याग्रह करें और हिंसा से बचें तथा गिरफ्तारी दें। मार–पीट से किसी का फायदा नहीं होगा।"

मुझे कमिश्नर ब्राउन की बात तर्कसंगत लगी। मैंने अपने साथी हरि शर्मा के नाम एक चिट्ठी लिख दी। वह चिट्ठी लेकर कुछ कर्मचारी हरि शर्मा के पास गए। हरि शर्मा, जयानंद भारतीय, रामसिंह, वचनसिंह, पानसिंह, आदि कई लोगों ने गिरफ्तारी दी। हमें पहले लैंसडौन और फिर कोटद्वार हवालात में रखा गया।

मुझे कमिश्नर ब्राउन की बात तर्कसंगत लगी। मैंने अपने साथी हरि शर्मा के नाम एक चिट्ठी लिख दी। वह चिट्ठी लेकर कुछ कर्मचारी हरि शर्मा के पास गए। हरि शर्मा, जयानंद भारतीय, रामसिंह, वचनसिंह, पानसिंह, आदि कई लोगों ने गिरफ्तारी दी। हमें पहले लैंसडौन और फिर कोटद्वार हवालात में रखा गया। अंत में मुरादाबाद जेल भेज दिया गया। वहाँ कृपाराम मिश्र 'मनहर', बिष्णुसिंह रावत, प्रतापसिंह नेगी, सकलानंद डोभाल, छवाण सिंह आदि मिले, फिर हमें बरेली जेल भेजकर अलग–अलग कर दिया गया। बरेली में हमने अंग्रेजों के विरुद्ध 15 दिन की भूख हड़ताल की, इसमें मेरे साथ शेरसिंह अल्मोड़ा, भूपेश शरण कानपुर, मुकुंदी सिंह अजमेर भी शामिल थे, इस हड़ताल के दौरान ही मुझे एक पुराने मामले की सुनवाई के लिए कोटद्वार भेज दिया गया।

मेरे ऊपर यह मुकदमा दुगड्डा की उस घटना के लिए लगाया गया था, जिसमें मैंने डी.सी. इबटसन को गरदन से पकड़कर पहाड़ी से नीचे फेंक दिया था, हुआ यों था कि मैं एक दिन दुगड्डा में 50–60 सत्याग्रहियों के साथ प्रभातफेरी निकाल रहा था। हम नारे लगाते हुए चूनाधार से लौट रहे थे। इतने में डिप्टी कमिश्नर इबटसन पुलिस जवानों के साथ आ धमके। खिर्सू विद्यालय का नवीं कक्षा का छात्र गंगासिंह त्यागी हाथ में तिरंगा लेकर भारत माता का जयघोष करते हुए उन्मुक्त कंठ से नारे लगा रहा था। इबटसन घोड़े पर था, उसने घोड़े पर सवार रहते हुए ही गंगासिंह पर बेंत चला दिए।

गंगासिंह बेहोश होकर सड़क पर गिर पड़ा, तो भी इबटसन शांत नहीं हुआ और वह घोड़े से उतरकर बच्चे को लात मारने लगा। पुलिस के जवान भी लाठी–डंडों के साथ पिल पड़े। मैं फेरी का नेतृत्व कर रहा था और सबसे आगे था, मैं तुरंत पीछे की ओर दौड़ा और भीड़ को तितर–बितर करते हुए इबटसन की गरदन दबोच ली। इससे पहले कि इबटसन और उसके सिपाही कुछ समझ पाते, मैं उसे घसीटते हुए किनारे ले गया और अपना बायाँ हाथ पूरी ताकत से घुमाया, जिससे वह नीचे खाई में गिर गया। सिपाही ठिठक गए। संयोगवश इबटसन नीचे एक पेड़ की जड़ पर फँस गया, जिससे उसके प्राण बच गए। मैंने गंगासिंह को उठाने और उसे उपचार के लिए ले जाने का निर्देश दिया। इस बीच पुलिस के सिपाही मेरे पीछे दौड़ पड़े, लेकिन मैं चूनाधार के ऊपर जंगलों

गंगासिंह बेहोश होकर सड़क पर गिर पड़ा, तो भी इबटसन शांत नहीं हुआ और वह घोड़े से उतरकर बच्चे को लात मारने लगा। पुलिस के जवान भी लाठी–डंडों के साथ पिल पड़े। मैं फेरी का नेतृत्व कर रहा था और सबसे आगे था, मैं तुरंत पीछे की ओर दौड़ा और भीड़ को तितर–बितर करते हुए इबटसन की गरदन दबोच ली।

में गुम हो गया। इबटसन पर हमला करने के इसी केस में मुझ पर धारा 147, 158 और 128 लगाई गई थी।

चूनाधार से कुछ मील दूर बाँसी गंज्वाड़ होते हुए मैं सीरूबाड़ी पहुँचा और बाद में यहाँ वन-कानून के विरोध में जंगलात की तार-बाड़ काटने के लिए आंदोलन किया। इसका संक्षिप्त उल्लेख पहले किया जा चुका है।

कोटद्वार हवालात से जब मुझे खाम ऑफिसर की ओर ले जाया जा रहा था तो मेरे हाथ-पाँवों में बेड़ियाँ पड़ी हुई थीं। कारावास परिसर को पार करते समय मैं जोर-जोर से 'भारत माता की जय!' के नारे लगा रहा था, किंतु यहाँ पर मेरा साथ देने वाला कोई नहीं था। जो कुछ लोग थे भी, वे भी डर के मारे अंदर घुस गए थे।

मेरी बेड़ियाँ खोल दी गईं। अमनसभा के सेक्रेटरी वकील पीतांबर दत्त पसवोला मेरे विरुद्ध पैरवी कर रहे थे। मेरा कोई वकील नहीं था। सिरेसदार ने इबटसन के बयान पढ़े। जस्टिस गिल ने मुझसे कहा, "आपको कुछ कहना है ?"

मामले की सुनवाई जस्टिस गिल कर रहे थे, जैसे ही मुझे उनके समक्ष ले जाया गया, उन्होंने तुरंत कहा, "इसकी बेड़ियाँ खोल दो।"

मेरी बेड़ियाँ खोल दी गईं। अमनसभा के सेक्रेटरी वकील पीतांबर दत्त पसवोला मेरे विरुद्ध पैरवी कर रहे थे। मेरा कोई वकील नहीं था। सिरेसदार ने इबटसन के बयान पढ़े। जस्टिस गिल ने मुझसे कहा, "आपको कुछ कहना है ?"

मैंने कहा, "जब इबटसन साहब यहाँ खुद मौजूद हैं और इस समय कमिश्नर के रूप में नहीं, बल्कि एक वादी के रूप में अदालत में आए हैं, तो वह अपना बयान खुद जुबानी बोले, ताकि मैं क्रॉस क्वेश्चन कर सकूँ।"

मि. गिल ने इबटसन की ओर देखा, इबटसन को कटघरे में आना पड़ा। इबटसन ने सब सच-सच कहा, "मैं एक सत्याग्राही को पीट रहा था, जो झंडा लेकर नारे लगा रहा था, यह आदमी आया और इसने मुझे सड़क के नीचे फेंक दिया। यदि मैं एक पेड़ की जड़ नहीं पकड़ता, तो मैं गहरी खाई में गिर जाता और जिंदा नहीं बच पाता।"

इबटसन ने सारी घटना का सही-सही विवरण खुद ही दे दिया था, अतः मैंने कोई क्रॉस क्वेश्चन नहीं किया। इसके बाद जज मिस्टर गिल ने मेरी ओर इशारा करते हुए कहा, "आपको कुछ कहना है?"

मैंने जान-बूझकर जोर से कहा, "मैं अपने आप को ब्रिटिश सिटिजन नहीं मानता, इसलिए इस ब्रिटिश अदालत में बयान देना अपना अपमान समझता हूँ।"

जस्टिस गिल बोले, "यह कहकर आप अदालत का अपमान कर रहे हैं। क्यों न आप पर अदालत की अवमानना का मुकदमा चलाया जाए।"

खैर, अगले दिन मुझे दो साल कैद की सजा सुनाई गई और पुनः बरेली जेल भेज दिया गया। जेल में मैंने भूख-प्यास, मार-पीट, रतजगी और कितनी ही अकथनीय यातनाएँ सहीं। चक्की चलाई, अंग्रेजों के जुल्मों के विरोध में भूख हड़तालें कीं।

अंततः द्वितीय गोल मेज सभा में भाग लेने हेतु 5 मार्च, 1931 को दिल्ली में हुए गांधी-इरविन समझौते के बाद 14 मार्च, 1931 को हमें आम रिहाई में जेल से मुक्त कर दिया गया। जेल से छूटने के बाद, लखनऊ के अमीनाबाद में कालाकांकर नरेश की ओर से हमारा भव्य स्वागत किया गया। उन्होंने एक दिन के लिए हमारी मेहमाननवाजी की, फिर हम अपने-अपने जिलों की ओर चले गए। वहीं दुगड्डा में कृपाराम मिश्र 'मनहर' आदि कई लोगों ने भी मेरा जोरदार स्वागत किया।

□

6

बीरोंखाल सम्मेलन

जेल से छूटने के बाद मैं पुनः सक्रिय हो गया। 3 अप्रैल, 1931 को यमकेश्वर, उदयपुर में जगमोहन सिंह नेगी की अध्यक्षता में एक सम्मेलन की योजना बनाई गई। इस सम्मेलन में ज्वालापुर गुरुकुल महाविद्यालय से प्रतिष्ठित स्वतंत्रता सेनानी और आर्य समाजी आचार्य नरदेव शास्त्री भी शामिल हुए। यहाँ यह निर्णय लिया गया कि इसी प्रकार का एक सम्मेलन बीरोंखाल में भी आयोजित किया जाए। सम्मेलन की तिथि 14 अप्रैल, 1931 तय की गई। विशम्भर दत्त भदूला, मोहन लाल भारद्वाज और मैं दुगड्डा से गुजड़ू गए। उधर भौन में मस्तराम ध्यानी के घर में एक बैठक की जिसमें भुवनेश घिल्डियाल, नारायण सिंह रावत, डुडेरा वाले कुलानंद ध्यानी, अंबिका प्रसाद ध्यानी आदि को सम्मेलन के प्रचार-प्रसार का काम सौंपा गया। काशीपुर से परचे छपवाए गए। बैठक समाप्त करके मैं पड़सोली की तरफ चला गया, जहाँ चंद्रसिंह रावत और अर्जुन सिंह मिले। इन्हें लेकर मैं डुंगरी में मोतीसिंहजी के पास पहुँचा, एक बैठक उनके घर पर हुई और एक बैठक दिगोलीखाल में हुई।

अंत में, 20-25 आदमियों का जत्था डुमैला गया, मानसिंह विष्ट, चेपड़सिंह और बुद्धि सिंह रावत के सहयोग से वहाँ भी एक बैठक की गई। इसी क्रम में बैजरौ में हुई सभा में हरिदत्त शास्त्री, भवानी दत्त जुयाल आदि के भाषण हुए। यहाँ से हरक सिंह, प्रताप सिंह तथा ठाकुर सिंह वीणा वाले और मैं सैंधार पहुँचे। हलाड निवासी झबर सिंह, केश्वरदत्त

जोशी, विजय राम बहुखंडी आदि के सहयोग से बैठकें की गईं। कुछ लोगों ने दुनाव होते हुए डालागाँव में भी एक बैठक की, जिसमें बीरोंखाल सम्मेलन को सफल बनाने की अपील की गई।

बीरोंखाल सम्मेलन शुरू हुआ और इसमें भाग लेने के लिए कुमाऊँ परिषद् के संस्थापक सदस्य हरगोविंद पंत गुजड़ू से होते हुए घोड़े पर चढ़कर आए। बीरोंखाल में मास्टर गुलाब सिंह, मानसिंह बिष्ट, केशव ध्यानी, उम्मेद सिंह रावत आदि लोगों के सहयोग से 1,500 लोगों के खाने-पीने और ठहरने की व्यवस्था की गई। सम्मेलन की समाप्ति पर सत्याग्रहियों के जत्थे लौट ही रहे थे कि भगत सिंह, राजगुरु और सुखदेव को फाँसी दिए जाने की सूचना मिली। मैं खुद सांडर्स की हत्या के बाद लाहौर में हुई ज्यादतियों का भुक्तभोगी था। मैंने अपने गहन अंत:करण से जोरदार भाषण दिया। मेरे नाम 124ए के तहत राजद्रोह का वारंट जारी कर दिया गया। एक इंस्पेक्टर और 20 जवानों सहित पुलिस की एक टीम मुझे गिरफ्तार करने पहुँच गई, लेकिन तब तक मैं गुजड़ू की शिकार गाह की ओर निकल चुका था। आखिरकार मुझे गुजड़ू पट्टी से गिरफ्तार कर पहले लैंसडौन फिर कोटद्वार और बाद में मुरादाबाद जेल भेज दिया गया। मेरा हथियार भी बरामद कर लिया गया, इसलिए आर्म्स एक्ट की धारा 17बी के तहत भी काररवाई की गई। बरेली जेल से छूटने के पश्चात मुझे एक महीने के भीतर ही दुबारा जेल जाना पड़ा था, जेल में विवाद होने के कारण जब मुझे एक महीने

बीरोंखाल सम्मेलन शुरू हुआ और इसमें भाग लेने के लिए कुमाऊँ परिषद् के संस्थापक सदस्य हरगोविंद पंत गुजड़ू से होते हुए घोड़े पर चढ़कर आए। बीरोंखाल में मास्टर गुलाब सिंह, मानसिंह बिष्ट, केशव ध्यानी, उम्मेद सिंह रावत आदि लोगों के सहयोग से 1,500 लोगों के खाने-पीने और ठहरने की व्यवस्था की गई।

के लिए तन्हाई में रखा गया, तो मैंने जेल में ही भूख हड़ताल शुरू कर दी। मेरे भूख हड़ताल पर जाने की खबर सुनकर हरगोविंद पंत खुद ही मुरादाबाद जेल पहुँचे और समझौता करवाया।

मुरादाबाद जेल में 11 महीना 22 दिन की सजा काटकर मैं कोटद्वार की ओर निकल पड़ा। कोटद्वार पहुँचकर मैं ट्रेन के डिब्बे से बाहर आ ही रहा था कि सामने थानेदार योगम्बर सिंह खड़ा मिला। मेरी ओर एक नोटिस बढ़ाता हुआ वह बोला, "आपको आदेश है कि आप इस जिले के भीतर एक साल तक कहीं भी सभा नहीं करेंगे और हर महीने अपने नजदीकी पुलिस स्टेशन में हाजिरी देंगे। इस आदेश के उल्लंघन पर दो वर्ष कैद और 500 रुपए जुरमाने की सजा हो सकती है।"

> *आपको आदेश है कि आप इस जिले के भीतर एक साल तक कहीं भी सभा नहीं करेंगे और हर महीने अपने नजदीकी पुलिस स्टेशन में हाजिरी देंगे। इस आदेश के उल्लंघन पर दो वर्ष कैद और 500 रुपए जुरमाने की सजा हो सकती है।*

मैंने नोटिस लेने से इनकार कर दिया, तो कहासुनी होने लगी। इतने में इलाका हाकिम चौधरी हरपाल सिंह अपनी पत्नी के साथ सीढ़ियों से उतरते हुए दिखाई दिए। उनकी पत्नी को मैंने जालंधर में एक कन्या विद्यालय में ट्रेनिंग दी थी। उन्होंने मुझे पहचान लिया। चौधरी ने थानेदार को बुलाया, थानेदार से कुछ बातचीत की और मेरे पास आकर बोले, "आप जाइए।" मैं तुरंत वहाँ से दुगड्डा की ओर निकल गया। वह लार्ड वेलिंगटन (वर्ष 1931 से 1936) का जमाना था, ब्रिटिश संसद् की सर्वोच्च सत्ता स्थापित कर दी गई थी और कोई भी सभा इत्यादि करना जुर्म था।

□

चित्रमाला

हरगोविंद पंत

प्रताप सिंह नेगी

जयानंद भारतीय

गवर्नर मैलकम हेली

सभी तसवीरें साभार : इंटरनेट मीडिया

7

जोगियों के भेस में

अखिल भारतीय कांग्रेस का 47वाँ राष्ट्रीय अधिवेशन 12 से 14 नवंबर, 1933 को श्रीमती नेलीसेन गुप्ता की अध्यक्षता में कलकत्ता नगर में होना तय हुआ था। लखनऊ में प्रान्तीय कांग्रेस की बैठक बुलाई गई और कलकत्ता में होने वाले उक्त राष्ट्रीय अधिवेशन में भाग लेने पर विचार-विमर्श किया गया। अधिवेशन में भाग लेने के लिए हमारे डेलिगेशन को 400 रुपए की जरूरत थी। इसी सिलसिले में धन एकत्र करने के लिए मैं एक बार नौगाँवखाल होते हुए पौड़ी जा रहा था। मैंने नौगाँवखाल में माधोसिंह कंत्यूरा को अमन सभा की बैठक की अध्यक्षता करते हुए देख लिया। उसमें सूबेदार बलवंत सिंह गजेरा, ब्रह्मानंद कानूनगो तथा कई मालगुजार व थोकदार शामिल थे। मैं शीशराम पांथरी की दुकान पर बैठ गया, कुछ देर बाद वहाँ माधोसिंह कंत्यूरा आ गए। मैंने उनसे कहा, "मुझे अफसोस हो रहा है कि तुमने दुगड्डा सत्याग्रह सम्मेलन में पूर्ण स्वतंत्रता के प्रस्ताव का समर्थन किया था और आज मैं तुम्हें अंग्रेजों की बनाई अमन सभा की अध्यक्षता करते हुए देख रहा हूँ। क्या तुम वही हो या कोई और?"

मेरी बात सुनकर वह भड़क गए, विवाद अधिक बढ़ गया तो वह शिकायत लेकर ब्रह्मानंद कानूनगो के पास पहुँच गए, इससे पहले कि कानूनगो अपने पुलिस बल के साथ मुझे गिरफ्तार करने पहुँचते, मैं वहाँ से बड़ेथ गाँव की ओर निकल गया और गिरफ्तार होते-होते बचा।

यहाँ से मैं पौड़ी गया, वहाँ विलेश्वरानंद डोभाल, भोलादत्त चंदोला और भैरवदत्त बडूनी ने 180 रुपए चंदा दिया। सितोन्स्यूं कठुड के ब्रह्मवासी लाल ने 50 रुपए दिए। देवप्रयाग में 15-20 रुपए इकट्ठे हुए। अंत में, उदयपुर के कोल्सी जाकर कांग्रेस के कोषाध्यक्ष तुलाशाह से 200 रुपए प्राप्त किए। इस प्रकार हमारे पास 400-450 रुपए चंदा हो जमा हुआ।

अपेक्षित धनराशि एकत्र हो जाने के बाद, मास्टर जगत सिंह रावत ग्राम सिलेथ तलांई, रुद्रीदत्त जखमोला ग्राम खुंटिया इडियाकोट, केसर सिंह टकोली, झकरमणी देवरानी ग्राम डुडेखा पट्टी लंगूर को अधिवेशन में भाग लेने के लिए तैयार किया गया। खबर मिली कि अधिवेशन से पहले कलकत्ता में धारा 144 लगा दी गई है। इसलिए, हमने चारों प्रतिनिधियों को जोगी का वेश धारण कराया। वे केसरिया ठांटे (पगड़ियाँ) धारण कर हाथ में कमंडल लेकर रवाना हुए। दुर्भाग्यवश, कलकत्ता में कड़ी जाँच चल रही थी, जिसमें चारों के चारों पकड़े गए और उन्हें धारा 144 के उल्लंघन के लिए 22 से 44 हफ्ते तक की कैद की सजा भुगतनी पड़ी।

अपेक्षित धनराशि एकत्र हो जाने के बाद, मास्टर जगत सिंह रावत ग्राम सिलेथ तलांई, रुद्रीदत्त जखमोला ग्राम खुंटिया इडियाकोट, केसर सिंह टकोली, झकरमणी देवरानी ग्राम डुडेखा पट्टी लंगूर को अधिवेशन में भाग लेने के लिए तैयार किया गया।

□

8

गवर्नर मैलकॉम हेली का बायकॉट

नवंबर 1930 में अंग्रेज प्रशासन की शह पर सुविधा-भोगी तबके के कुछ लोगों ने 'अमन सभा' नामक एक गुट बनाया। इस तथाकथित सभा का उद्‌देश्य स्थानीय अधिकारियों की खाल बचाने के लिए उच्च अंग्रेज अधिकारियों को यह भरोसा दिलाना था कि पहाड़ों में ब्रिटिश प्रशासन को लेकर कोई आक्रोश नहीं है और कांग्रेस पार्टी का यहाँ कोई अस्तित्व नहीं है। इस प्रकार वे न केवल प्रशासन को खुश रखना चाहते थे, बल्कि सत्याग्रहियों को भी हतोत्साहित और अलग-थलग करना चाहते थे। अमन सभा में कई ऐसे लोग भी थे, जो कभी कांग्रेस में होते तो कभी अग्रेजों के साथ। अमन सभा के माध्यम से अंग्रेजों ने पहाड़ों में कांग्रेस को अंदर ही अंदर कमजोर करने की भरसक कोशिश की।

इबटसन वाले मामले में रिहा होने के बाद मैंने अंग्रेजों और अमन सभा की इस साँठ-गाँठ का पर्दाफाश करने तथा इस सभा को सबक सिखाने का निर्णय लिया। यह मौका भी हमें शीघ्र ही मिल गया। वर्ष 1932 के सितंबर माह में तत्कालीन अंग्रेज गवर्नर लॉर्ड मैलकॉम हेली (दिनांक 10 सितंबर, 1928 से 05 दिसंबर, 1934 तक संयुक्त प्रांत के गवर्नर) का पौड़ी दौरा तय हुआ था। उसकी मेजबानी स्थानीय प्रशासन के साथ-साथ अमन सभा, हितैषी प्रेस आदि जैसे सरकार समर्थक संगठन कर रहे थे। इस दौरे की भनक लगते ही हमने उसे काले झंडे दिखाने और उसका विरोध करने की ठानी। 2 सितंबर, 1932 को दुगड्डा में

क्रांतिकारियों की एक गुप्त बैठक हुई। इस बैठक में यह निश्चय किया गया कि पौड़ी जिला दरबार में अधिक व्यक्तियों का प्रवेश संभव नहीं हो सकेगा और एक-दो से ज्यादा लोगों को प्रवेश दिलाने का प्रयास करने पर प्रशासन को संदेह भी हो सकता है, जिससे हमारी योजना के असफल हो जाने का खतरा था। अतः दरबार में प्रवेश हेतु मैंने अनुभवी और जोशीले सत्याग्रही जयानंद भारतीय का नाम सुझाया। उन्होंने इस काम के लिए तुरंत सहमति दे दी। डोला-पालकी आंदोलन में हमारे अग्रणी और निर्भीक व्यक्तित्व के धनी वीर जयानंद अपने ही अंदाज में बोले, "भुला! लाट साहब कु डोला बी हमन उठाण" (अनुज! लॉर्ड साहब का डोला भी हम ही उठाएँगे)।

योजना की गोपनीयता बनाए रखने के लिए हम शाम ढलने पर ही दुगड्डा से पौड़ी के लिए निकले। बरसात के मौसम में जंगली जानवरों, साँप, बिच्छुओं के खतरे से जूझते हुए मैंने पौ फटने से पहले ही जयानंद भारतीय को कांडई गाँव पहुँचाकर अनुसूया प्रसाद बहुगुणा के पास भेजा।

योजना की गोपनीयता बनाए रखने के लिए हम शाम ढलने पर ही दुगड्डा से पौड़ी के लिए निकले। बरसात के मौसम में जंगली जानवरों, साँप, बिच्छुओं के खतरे से जूझते हुए मैंने पौ फटने से पहले ही जयानंद भारतीय को कांडई गाँव पहुँचाकर अनुसूया प्रसाद बहुगुणा के पास भेजा। 5 सितंबर को हम पौड़ी पहुँचे, जहाँ वह एडवोकेट कोतवाल सिंह नेगी के घर में ठहरे। यहाँ अलग-अलग करके लाया गया तिरंगा झंडा जोड़कर तैयार किया गया और काले कपड़े के कुछ टुकड़े भी साथ रखे गए। तिरंगा जयानंद भारतीय की बाँह में छुपाकर बाँध दिया गया। साथी सकलानंद ने काला झंडा लिया। 6 सितंबर को सुबह होते ही मैं वेश बदलकर साथियों सहित लॉर्ड हेली के दरबार के निकट पहुँचा, जहाँ गवर्नर के सम्मान में अंग्रेज समर्थक 'अमन सभा' और प्रशासन द्वारा अन्य कुछ हुकूमत

परस्त संगठनों को आमंत्रित कर एक कार्यक्रम का आयोजन होना था।

अनुसूया प्रसाद बहुगुणा तत्कालीन जिलाबोर्ड के अध्यक्ष की हैसियत से उस बैठक में पहले से ही आमंत्रित थे। उन्होंने पहुँचते ही जयानंद के कान में कुछ कहा और अंदर चले गए, जयानंद भी उनके पीछे-पीछे चुपचाप अग्रिम पंक्ति में जाकर बैठ गए। हम पीछे बैठे रहे, कार्यक्रम शुरू होते ही मैंने डंडा सरकाना शुरू किया। मैलकॉम हेली के संबोधन का समय आने तक डंडा जयानंद के पास पहुँच चुका था। स्वागत भाषण की समाप्ति के बाद जैसे ही गवर्नर हेली अपनी बात रखने के लिए उठा। जयानंद भी उठ खड़े हुए और तिरंगा लहराते हुए 'गवर्नर गो बैक!', 'वंदेमातरम!', 'कांग्रेस जिंदाबाद!', 'अमन सभा मुर्दाबाद!' के नारे लगाते हुए मंच की ओर बढ़ गए। इस बीच हम 'गवर्नर गो बैक!', 'भारत माता की जय!', 'महात्मा गांधी जिंदाबाद!' के जयघोष के साथ काले झंडे लहराकर पुलिस का ध्यान भटकाने में कामयाब रहे।

अनुसूया प्रसाद बहुगुणा तत्कालीन जिलाबोर्ड के अध्यक्ष की हैसियत से उस बैठक में पहले से ही आमंत्रित थे। उन्होंने पहुँचते ही जयानंद के कान में कुछ कहा और अंदर चले गए, जयानंद भी उनके पीछे-पीछे चुपचाप अग्रिम पंक्ति में जाकर बैठ गए। हम पीछे बैठे रहे, कार्यक्रम शुरू होते ही मैंने डंडा सरकाना शुरू किया।

दूसरी ओर 'भारत माता की जय!' का उद्घोष करते हुए जयानंद को मंच की ओर बढ़ने का अवसर मिल गया। मंच पर चढ़ते हुए उन्हें पुलिस ने पकड़ लिया। वह हेली के ठीक सामने आ गए थे, अतः हेली को बचाने के चक्कर में अधिकतर पुलिस वाले मंच की ओर दौड़ पड़े। हम योजना के अनुसार पुलिस को चकमा देने में सफल रहे और वहाँ से

बच निकले। सभा भंग हो गई और हेली को वहाँ से जाना पड़ा। हमारी योजना अक्षरशः फलित हुई, किंतु जयानंद को एक वर्ष का कठोर कारावास भुगतना पड़ा।

अब तक चमोली और पौड़ी क्षेत्र में हमारे लगभग 664 साथी गिरफ्तार हो चुके थे। गिरफ्तार किए गए सत्याग्रहियों के परिवारों की देखभाल भी कांग्रेस को ही करनी होती थी, अत: इन सभी परिवारों की देखभाल का दायित्व मुझे सौंपा गया था। इसके लिए मेरा स्वतंत्र रहना जरूरी था। अपने इन परिवारों की देखभाल करता हुआ मैं कई दिनों तक इस गाँव से उस गाँव जंगल-जंगल भटकता रहा। आखिरकार, धारा 144 के उल्लंघन में मुझे भी गिरफ्तार कर लिया गया और एक वर्ष के कठोर कारावास के साथ 200 रुपए के जुरमाने की सजा मिली। मेरे गिरफ्तार हो जाने के बाद जगमोहन सिंह नेगी ने उक्त जिम्मेदारी अपने ऊपर ले ली।

अब तक चमोली और पौड़ी क्षेत्र में हमारे लगभग 664 साथी गिरफ्तार हो चुके थे। गिरफ्तार किए गए सत्याग्रहियों के परिवारों की देखभाल भी कांग्रेस को ही करनी होती थी, अत: इन सभी परिवारों की देखभाल का दायित्व मुझे सौंपा गया था। इसके लिए मेरा स्वतंत्र रहना जरूरी था।

जेल से छूटने के बाद मैंने जिला बोर्ड के अध्यक्ष अनुसूया प्रसाद बहुगुणा से बीरोंखाल क्षेत्र का दौरा करने और इस क्षेत्र के लिए विकास योजनाएँ पारित करवाने का अनुरोध किया। अनुसूयाजी के भ्रमण के दौरान मैंने उन्हें पूरे क्षेत्र में घुमाया और दिखाया कि क्षेत्र में स्कूल नहीं हैं, लोग खुली धार से पानी का इस्तेमाल करते हैं, जिससे वे साल भर हैजा, डिसेंट्री, मियादी बुखार आदि से पीड़ित रहते हैं। मैंने कतिपय विद्यालय, पानी की टंकियाँ और जिला परिषद् के बजट से सड़कें बनाने का अनुरोध किया। पैसे की

अत्यधिक किल्लत के बावजूद भी उन्होंने मेरे प्रस्तावों को यथासंभव मंजूरी दिलवाई।

इसके बाद मैं असेंबली चुनावों की तैयारी में शामिल हो गया। दुगड्डा में प्रताप सिंह नेगी की अध्यक्षता में एक बैठक हुई, जिसके पर्यवेक्षक ब्रदीदत्त पांडेय और विक्टर मोहन जोशी थे। उनकी उपस्थिति में यह निर्णय लिया गया कि असेंबली चुनावों में जगमोहन सिंह नेगी को कांग्रेस की ओर से प्रत्याशी बनाया जाए। ब्रिटिश सरकार के समर्थन से मुकुंदी लाल बैरिस्टर प्रत्याशी बने थे और उमानंद बड़थ्वाल स्वतंत्र उम्मीदवार थे। इस चुनाव में जगमोहन सिंह नेगी की जीत हुई।

> ***इसके बाद, मैं असेंबली चुनावों की तैयारी में शामिल हो गया। दुगड्डा में प्रताप सिंह नेगी की अध्यक्षता में एक बैठक हुई, जिसके पर्यवेक्षक ब्रदीदत्त पांडेय और विक्टर मोहन जोशी थे। उनकी उपस्थिति में यह निर्णय लिया गया कि असेंबली चुनावों में जगमोहन सिंह नेगी को कांग्रेस की ओर से चुनाव प्रत्याशी बनाया जाए।***

इस बीच, खबर मिली कि हमारे एक साथी प्रताप सिंह नेगी कुछ समय से बीमार हैं और हरिद्वार के रामकृष्ण अस्पताल में भरती हैं; मैंने छवाण सिंह नेगी (उदयपुर) और चंदन सिंह बिष्ट की मदद से 19–20 रुपया चंदा जमा किया और प्रताप सिंहजी को घर लाने के लिए हरिद्वार पहुँचा। मेरे साथ नारायण सिंह क्विला उदयपुर तथा तोताराम जुगराण भी थे। प्रताप सिंह की आर्थिक स्थिति ठीक नहीं थी, उन्हें बीमारी के कारण अपनी पत्नी के गहने बेचने पड़े थे। हमारे पास इतना पैसा इकट्ठा नहीं हो सका था कि उनको गढ़वाल लाया जा सके, अतः मैंने वह पैसा उनको अस्पताल में ही दे दिया और नारायण सिंह को उनके पास छोड़कर लौट आया।

□

9

श्यामा

एक छोर पर दुगड्डा तो दूसरे छोर पर गुजडू में हमारा केंद्र हुआ करता था। यहाँ हमने सैकड़ों लोगों को कांग्रेस से जोड़ा और उन्हें देश की आजादी की लड़ाई में शामिल होने के लिए प्रोत्साहित किया। अग्रेजों द्वारा लगाए गए लगान के विरोध के दौरान मैं गुजडू पट्टी के एक-एक गाँव एक-एक घर घूमा था। इसी क्रम में एक बार मैं बराथ गाँव की ओर जा रहा था। अचानक मौसम बदला और भयानक तूफान शुरू हो गया। जगह-जगह पेड़ और चट्टानें गिरने लगीं। मैं जैसे-तैसे बचते-बचाते आगे बढ़ता रहा।

तूफान और पेड़-पौधों के गिरने टूटने की भयानक आवाजों के बीच गाँव से कुछ दूर पहले ही एक छोटी सी घाटी से एक चीख सुनाई दी। मुझे लगा जैसे कोई संकट में है, कोई घस्यारी (घास काटने वाली महिला) फँस गई है। मैं उस ओर दौड़ा। कुछ दूर ऊपर चढ़ा, तो देखा कि एक 15-16 वर्ष की कन्या घाटी के बीचोबीच चोटिल अवस्था में पड़ी हुई है। ऊपर से पत्थर रड़क रहे थे और पेड़ गिर रहे थे। मैं उस भयानक तूफान के बीच बड़ी जद्दोजहद के बाद नीचे घाटी में उतरा। कन्या बेसुध थी, जिंदा या मुर्दा मुझे नहीं पता था। मैंने उसे कंधे पर उठाया और गाँव की ओर चल पड़ा। इलाके के सुप्रसिद्ध वैद्य मेरे परिचित थे। मैं उनके घर की तरफ तेज कदमों से दौड़ने लगा। घर में पहले से ही अफरा-तफरी मची हुई थी। उस कन्या को देखकर सब रोने सिसकने लगे। वैद्यजी ने फटाफट नब्ज टटोली, वह अभी जिंदा थी।

उपचार आरंभ किया गया। अभी तक वैद्यजी चुपचाप थे। यह सबकुछ देखकर मुझे कुछ अटपटा सा लगा। कुछ देर बाद लड़की को होश आ गया। वैद्यजी ने मुझे उपचार कक्ष में बुलाया और बोले, “आपने हमारी श्यामा का जीवन बचाया है। इसलिए, इसका जीवन अब आपकी ही अमानत है।” कन्या का जीवन बच गया था, उस समय मेरे लिए यही महत्त्वपूर्ण था। मैंने सत्याग्रह की चर्चा छेड़ दी।

समय बीतता गया। हम सल्ट की सीमा पर एक बड़ा किसान आंदोलन खड़ा करने में कामयाब रहे। सत्याग्रह के इसी प्रकार के छोटे-बड़े लक्ष्यों को प्राप्त करने के लिए मैं कभी गुजड़ू, कभी पौड़ी कभी दुगड्डा जगह-जगह भटकता रहता था। एक दिन इसी प्रयोजन के लिए देवलगढ़ में चल रही एक सभा के दौरान मुझे एक संदेश मिला।

हमने चाय पी। इसी बीच तूफान शांत हुआ, तो लोगों का जमावड़ा लग गया। वैद्य पोखरियालजी का परिवार गुजड़ू इलाके का एक प्रतिष्ठित परिवार था। खैर-खबर के साथ-साथ लगान, सत्याग्रह, आजादी के संघर्ष को लेकर खूब चर्चा हुई।

समय बीतता गया। हम सल्ट की सीमा पर एक बड़ा किसान आंदोलन खड़ा करने में कामयाब रहे। सत्याग्रह के इसी प्रकार के छोटे-बड़े लक्ष्यों को प्राप्त करने के लिए मैं कभी गुजड़ू, कभी पौड़ी कभी दुगड्डा जगह-जगह भटकता रहता था। एक दिन इसी प्रयोजन के लिए देवलगढ़ में चल रही एक सभा के दौरान मुझे एक संदेश मिला। संदेश श्यामा की तरफ से था। उनका विवाह तय हो गया था, जो उनकी इच्छा के विरुद्ध था। संदेश में विवाह की तिथि का भी उल्लेख था। मुझे अजीब सा महसूस हुआ। उन्होंने कहा था, “आपने हमारी श्यामा का जीवन बचाया है। इसलिए इसका जीवन अब आपकी ही अमानत है।”

क्या करना है, मुझे नहीं पता था, लेकिन अन्याय हो रहा था, मुझे बस इतना समझ आया था। मैं फौज से प्रशिक्षित था और अधिकांशतः हथियार शुदा रहता था। विवाह के दिन मैं घोड़े सहित आँगन में पहुँचा, तो चारों ओर सन्नाटा पसर गया। तुरंत ही श्यामा दिखाई दी। उन्होंने मुझे देखा, किंतु उनके मुख पर आश्चर्य का कोई भाव नहीं था, एक विस्मयकारी आश्वासन था। वह न जाने किस अभिलाषा से मेरी ओर देखती रही।

मैंने आवाज दी, "श्यामा चल!" श्यामा ने हाथ बढ़ाया और चुपचाप मेरे पीछे घोड़े पर बैठ गई। मैं नैनीडांडा की ओर बढ़ गया। वहाँ पहुँचते-पहुँचते तंद्रा टूटी तो मेरे अंदर खुद ही प्रश्न उठने लगे, तुम कहाँ जा रहे हो? क्यों जा रहे हो? इस लड़की को लेकर जाओगे कहाँ? रखोगे कहाँ? और किस हैसियत से?

मैंने आवाज दी, "श्यामा चल!" श्यामा ने हाथ बढ़ाया और चुपचाप मेरे पीछे घोड़े पर बैठ गई। मैं नैनीडांडा की ओर बढ़ गया। वहाँ पहुँचते-पहुँचते तंद्रा टूटी तो मेरे अंदर खुद ही प्रश्न उठने लगे कि तुम कहाँ जा रहे हो? क्यों जा रहे हो? इस लड़की को लेकर जाओगे कहाँ? रखोगे कहाँ? और किस हैसियत से?

समस्या प्रबल थी। मुझे कुछ समझ नहीं आ रहा था। मैं अपने गाँव की ओर बढ़ने लगा, लेकिन वहाँ जाना ठीक प्रतीत नहीं हुआ। मैं अपने माता-पिता लिए एक और समस्या खड़ी नहीं कर सकता था। वे मेरे कारण अपना एक बेटा पहले ही खो चुके थे। मुझमें सारे ब्रिटिश साम्राज्य से लड़ने का साहस था, लेकिन पिताजी के समक्ष खड़े होने की हिम्मत न थी। विवाह के लिए सुसज्जित एक युवती को अपने साथ ले आने का अर्थ मेरे दिमाग में स्पंदन पैदा करने लगा। इसी ऊहापोह में एक

मार्ग सूझा। नयार घाटी के उस ओर मेरा गाँव कांडा था, तो इस ओर एक छोटे से गाँव तलाईं में मेरी छोटी बहन माहेश्वरी का ससुराल था।

मुझ पर गिरफ्तारी का खतरा हर समय मँडराता रहता था और कांडा के मार्ग में जासूसी होने का जोखिम भी था। मैं तलाईं की ओर मुड़ा और श्यामा को अपनी बहन के घर ले गया। मेरा इस प्रकार अचानक आना माहेश्वरी के लिए किसी सुखद संयोग से कम न था। आखिरी बार कब उससे भेंट हुई थी, मुझे दिन और वक्त स्मरण नहीं हो पा रहा था। उसने आशीर्वाद लिया और भाव-विभोर होकर अपने भाई की ओर निहारने लगी। इससे पहले कि बहन के अगाध प्रेम की प्रबल धार मेरे भीतर तोड़-फोड़ मचाती हुई भावनाओं के बाँध ध्वस्त कर देती, मैंने माहेश्वरी के सिर पर हाथ फेरा और पूछा, "भुली! सब राजी-खुशी?" (भुली = छोटी बहन), वह कुछ जवाब नहीं दे पाई, बोल उसके मुख में ही अटके रहे, वह डबडबाई हुई आँखों से मुसकरा भर दी।

मुझ पर गिरफ्तारी का खतरा भी हर समय मँडराता रहता था और कांडा के मार्ग में जासूसी होने का जोखिम भी था। मैं तलाईं की ओर मुड़ा और श्यामा को अपनी बहन के घर ले गया। मेरा इस प्रकार अचानक आना माहेश्वरी के लिए किसी सुखद संयोग से कम न था।

जलपान इत्यादि कर लेने में कुछ घड़ियाँ बीत जाने के बाद, जब भावनाओं के ज्वार कुछ शांत हुए तो समस्त घटनाक्रम के उस समुद्र के बीचोबीच होते हुए भी किनारे पर खड़ी श्यामा पर ध्यान केंद्रित हुआ। इससे पहले कि माहेश्वरी कुछ प्रश्न करने के बारे में सोच पाती, मैंने श्यामा का हाथ उसके हाथ में देकर उससे श्यामा की सुरक्षा और कुशलता का वचन ले लिया।

सभी सगे-संबधियों से मुलाकात कर लेने के बाद मैंने जाने की

अनुमति माँगी, जाने से पहले मैंने देखा कि माहेश्वरी ने मुझे दिए अपने वचन के अनुरूप श्यामा को अपने सुरक्षित सान्निध्य में ले लिया था। मैं अत्यंत संतुष्टि और विश्वास के साथ श्यामा के पास गया, श्यामा की अश्रुपूरित आँखों में विलक्षण संयम झलक रहा था। मैंने श्यामा का बायाँ हाथ अपने दोनों हाथों में लेकर उनसे बस इतना ही कहा, "मेरे जीवन पर पहला अधिकार मेरे देश का है और दूसरा अब तुम्हारा।"

श्यामा ने जीवनभर मेरा खूब साथ दिया। बराथ में उनका परिवार भी भारतीय स्वतंत्रता संग्राम में पूरे मनोयोग से जुड़ा रहा। स्वयं श्यामा ने देश के विभिन्न क्षेत्रों में कांग्रेस के तमाम कार्यक्रमों में हिस्सा लिया। गुजरात में कई दिनों का प्रवास कर वहाँ प्रौढ़ शिक्षा के क्षेत्र में सराहनीय कार्य किया। श्यामा हिंदी, अंग्रेजी और संस्कृत भाषा की गहरी समझ रखती थीं। वर्ष 1942 में लैंसडौन कांड के बाद और पुनः वर्ष 1943 में मेरी गिरफ्तारी तथा उसी दौरान मेरे पिताजी एवं मेरे दुधमुहे बेटे की मृत्यु के बाद जब अंग्रेज सरकार ने हमारा घर सील करके परिवार के सभी सदस्यों को घर से निकाल दिया था, तो भी श्यामा ने हिम्मत नहीं हारी और पूरे परिवार को सँभाला।

बराथ गाँव के निकट इस स्थान से ही
कप्तान रामप्रसाद नौटियाल श्यामा देवी के प्राण बचाकर लाए

वीरांगना श्यामा देवी का बराथ गाँव स्थित पैतृक निवास

स्वतंत्रता संग्राम सेनानी गीताराम पोखरियाल

स्वतंत्रता संग्राम सेनानी शीशराम पोखरियाल

□

10

दुगड्डा में 'राष्ट्रीय होटल' की स्थापना

18 से 20 जून, 1936 तक लखनऊ में अखिल भारतीय कांग्रेस का वार्षिक अधिवेशन होना तय हुआ। इसमें हर जिले से 25 स्वयंसेवकों को बुलाया गया था। सभी को पैदल-पैदल आजादी के गीत गाते हुए दुगड्डा से लखनऊ पहुँचना था। हमने तुरंत दुगड्डा में एक बैठक आयोजित की। निर्णय लिया गया कि महिलाओं को भी समुचित प्रतिनिधित्व दिया जाए और उनका भी एक समूह तैयार किया जाए। इस समूह में तोताराम जुगरान व उनकी धर्मपत्नी श्रीमती पार्वती देवी, वासुदेव त्यागी और उनकी माताजी, कुमारी बसंती, कुमारी रामी और श्यामा देवी सहित 5 महिलाएँ शामिल की गईं। हम 25 लोग चौमासू, रीठाखाल, पोखड़ा, बैजरौ होते हुए बीरोंखाल, डुंगरी, पड़सोली, ढिकुली, रामनगर, कालाढुंगी, हल्द्वानी, किच्छा, बहेडी, बरेली, शाहजहाँपुर, हरदोई होते हुए पैदल-पैदल काकोरी पहुँचे। वहाँ झंडारोहण किया और आलम बाग, लखनऊ में अधिवेशन स्थल मोतीलाल नेहरू नगर में हो रहे कांग्रेस के 50वें राष्ट्रीय अधिवेशन में भाग लिया।

मेरे साथ वासुदेव त्यागी, बलवंत सिंह रावत, थान सिंह रावत पड़सोली, पंचम सिंह गोसाई, यशवंत सिंह, भुवनेश घिल्डियाल, मस्तराम ध्यानी, मनोहर सिंह, मुकुंद सिंह, शंकर सिंह, लूथी सिंह ग्राम मनवाड गुजडू, भोलासिंह धूरा अजमेर वाले मौजूद थे। अधिवेशन में भाग लेने के

लिए हमने राष्ट्रगीत गाते हुए लखनऊ तक पैदल यात्रा की और लौटते समय रेलगाड़ी से आए।

लखनऊ अधिवेशन से लौटने के बाद हमने पौड़ी में एक बैठक की। उसमें चर्चा हुई कि दुगड्डा में बार-बार होने वाले कार्यक्रमों के लिए सैकड़ों लोग आवागमन करते हैं, दुगड्डा स्थित आंदोलनकारी भी रात-बेरात अलग-अलग जगह सभाएँ-कार्यक्रम आदि समाप्त कर लौटते हैं, जिससे उनको भोजन इत्यादि की तमाम समस्याएँ झेलनी पड़ती हैं। अत: यह तय किया गया कि दुगड्डा में एक रियायती होटल खोला जाए। इसका नाम 'राष्ट्रीय होटल' निश्चित किया गया। इसे सभी सत्याग्रहियों के मिलन स्थल के रूप में तैयार किया गया।

जब इसके लिए जगह और भवन की बात उठी तो कृपाराम मिश्र 'मनहर' ने नाममात्र में किराए पर अपना एक मकान भेंट कर दिया। डुंगरी के भीमसिंह इसके प्रबंधक नियुक्त किए गए। होटल में एक छोटा सा पुस्तकालय भी स्थापित किया गया, जिसमें विभिन्न प्रकार का प्रेरक साहित्य और पत्र-पत्रिकाएँ रखी जाती थीं। यहाँ कांग्रेस जिला कमेटी का अपना एक घोड़ा भी रखा गया था, जिसे आवश्यकता पड़ने पर इस्तेमाल किया जाता था। इस अश्व की देखभाल मुकुंद सिंह सालनी करते थे। समस्त जिले में कांग्रेस के प्रचार-प्रसार के लिए भुवनेश विद्यार्थी को जिला संयोजक बनाया गया। विद्यार्थी जी को आने-जाने के लिए थोड़ा बहुत मार्ग व्यय दिया जाता था।

जब इसके लिए जगह और भवन की बात उठी तो कृपाराम मिश्र 'मनहर' ने नाममात्र में किराए पर अपना एक मकान भेंट कर दिया। डुंगरी के भीमसिंह इसके प्रबंधक नियुक्त किए गए। होटल में एक छोटा सा पुस्तकालय भी स्थापित किया गया, जिसमें विभिन्न प्रकार का प्रेरक साहित्य और पत्र-पत्रिकाएँ रखी जाती थीं।

जर्जर अवस्था में पड़ा 'राष्ट्रीय होटल' (फोटो साभार : जागरण)

इस बीच सल्ट पट्टी के जखल गाँव के मेरे प्रिय साथी देवकीनंदन ध्यानी 'स्वर्गभूमि' नामक पाक्षिक पत्रिका के प्रकाशन के दौरान क्षयरोग से पीड़ित हो गए। वे लिस्कोट डाक-बँगले के आउट हाउस में अपना इलाज करवा रहे थे। ध्यानीजी मुरादाबाद से 'विजय' नामक अखबार निकालते थे, जो बाद में उन्होंने पौड़ी में 'उत्तराखंड' नाम से प्रकाशित किया। ध्यानीजी ने प्रेस उपकरण खरीदने के लिए अपनी माताजी और

पत्नी के जेवर तक बेच दिए थे। अंत में, अखबार के घाटे में चले जाने के कारण उनके पास कुछ नहीं बचा था। बीमार ध्यानीजी की माताजी डंडे के सहारे बेटे से मिलने जंगल के रास्ते पैदल आती थीं। एक बार वह रास्ता भटक गईं और रातभर जंगल में ही रह गई थीं। मुझे इस बात की खबर मिली तो मुझसे रहा नहीं गया। मैं अपने घर कांडा पहुँचा, अपनी पत्नी को सारी बातें बताईं। श्यामा देवी ने अपने गहने उतारकर रख दिए। मैं गहने लेकर डुंगरी वाले नैनू शाह सुनार के पास गया और वहाँ गहने बेचे और ध्यानीजी का इलाज करवाया, लेकिन गुजडू, खटली, बिजलकोट, सबली आदि पट्टियों में मेरे साथ गाँव–गाँव घूमकर अपनी वाणी और लेखनी से जनता में स्फूर्ति पैदा कर देने वाला वह लिखाड़ वर्ष 1936 के नवंबर माह में हमें छोडकर अनंत की यात्रा पर निकल गया।

□

11

गुजड़ू सम्मेलन और जनजागरण

अक्तूबर 1937 को दुगड्डा में जिला कांग्रेस कमेटी का चुनाव हुआ। मुझे अध्यक्ष और भक्त दर्शन सिंह को महामंत्री चुन लिया गया। उपाध्यक्ष पद पर विद्यादत्त बहुखंडी वकील चुने गए। इसी दौरान प्रशासन द्वारा बारहस्यूं में पैमाइश, यानी बंदोबस्त का कार्यक्रम जारी किया गया। बताया गया कि अजीत प्रसाद जैन तथा सकलानंद शास्त्री परगना चौंदकोट में पैमाइश के लिए लैंसडौन के रास्ते एकेश्वर पहुँचेंगे। थोकदार इन्द्रसिंह मौंदाडी और मैं रात को 9 बजे ग्राम बछेली पहुँचे, वहाँ मास्टर नत्थीसिंह, मास्टर त्रिलोक सिंह आदि के सहयोग से चार-पाँच गट्ठर लकड़ी इकट्ठा की और ढोल-दमाऊ तथा रणसिंघा की आवाज से चौंदकोट की घाटियों को गुंजायमान कर लोगों को पैमाइश की सूचना दी। यह उस समय किसी सार्वजनिक सूचना के प्रचार-प्रसार का एक सामान्य तरीका था। पैमाइश में सटोरा-बटोरा हुआ। सेटलमेंट अधिकारियों ने वर्षों से लटके हुए जमीन अदला-बदली और बँटवारे संबंधी मामलों की सुनवाई कर उनका निपटान किया।

चमोली भ्रमण करते हुए मैंने गौचर निवासी नारायण दत्त बहुगुणा से मुलाकात की। यहाँ के प्रधान ने हमें पूरा सहयोग देने का वचन दिया। पातीराम शैली, थोकदार देवानंद, हरिसिंह और बख्तावर सिंह आदि साथियों की सहायता से हमने 'रानीगढ़ सेवा संघ' की स्थापना की। इसमें हर ग्राम पंचायत से 11-11 लोग शामिल किए गए। कुल 64

ग्राम पंचायतें शामिल की गईं। गौचर में सदानंद अध्यापक ने बैठक का आयोजन किया। इसके बाद अनुसूया प्रसाद बहुखंडी की अध्यक्षता में एक और बैठक हुई, जिसमें घनश्याम डिमरी वकील, रामकृष्ण वैष्णव, विजयराम डिमरी, महावीर डिमरी, जोगेश्वर प्रसाद खंडूडी आदि लोगों ने भाग लिया और विखोत संग्रांद (वैशाखी संक्रांति) को कर्णप्रयाग में उद्योग-प्रदर्शनी लगाने का निर्णय लिया गया। प्रदर्शनी लगाने के लिए एक विशाल मैदान को विशेष ढंग से तैयार करने की आवश्यकता थी। 456 स्वयंसेवकों ने श्रमदान किया और उनके सहयोग से एक ऐसा खेत तैयार किया गया, जिसमें एक बड़ी प्रदर्शनी लगाई जा सके। ये प्रदर्शनियाँ स्थानीय लोगों को व्यापार की सुविधा प्रदान कराने के अलावा आजादी का संदेश पहुँचाने का माध्यम भी होती थीं। इस प्रदर्शनी में अध्यापक जोगेश्वर प्रसाद रतूड़ी ने एक गीत गाया—

चमोली भ्रमण करते हुए मैंने गौचर निवासी नारायण दत्त बहुगुणा से मुलाकात की। यहाँ के प्रधान ने हमें पूरा सहयोग देने का वचन दिया। पातीराम शैली, थोकदार देवानंद, हरिसिंह और बख्तावर सिंह आदि साथियों की सहायता से हमने 'रानीगढ़ सेवा संघ' की स्थापना की।

'जय हो जय हो कांग्रेस, भैजी तीला धारू बोला दा,
गांउ नाउ चमेठी बल भैजी, गांउ नाउ चमेठी दा।
हिंदू, मुसलिम, सिख, ईसाई सबौं की एक कमेठी दा,
चौमासा की बरखा बल भैजी चौमासा की बरखा दा।
पौड़ा मा बैठीक बुड्या कन घुमांद चरखा दा।'

गढ़वाल-कुमाऊँ में जनता में आजादी की ललक जगाने के लिए गाँव-गाँव जाकर प्रभातफेरियाँ निकालने, सभाएँ करने, छोटे-बड़े आंदोलन चलाने आदि के अलावा लोगों को शिक्षित-प्रशिक्षित भी किया

जाता था। इसके लिए विभिन्न पत्र-पत्रिकाएँ वितरित की जाती थीं। इसी क्रम में बरेली से 'रणभेरी' नाम की एक पाक्षिक पत्रिका निकलती थी, जिसे गुप्त रूप से गुरुकुल काँगड़ी पहुँचाया जाता था। यह पत्रिका लोगों में आजादी के प्रति जागरूकता पैदा करने और उन्हें आजादी के आंदोलन में शामिल होने के लिए प्रोत्साहित करने के लिए छपवाई जाती थी। हमें इन पत्र-पत्रिकाओं को गढ़वाल मंडल में वितरित करने का काम करना होता था।

मैंने हीरामणी बुलेखा की देख-रेख में चार व्यक्तियों का एक दल बनाया, जिसमें शंकर दत्त भारद्वाज विचला बदलपुर, ग्राम मंज्याणी; तोताराम जुगराण, चैलूसैंण; नारायणसिंह, सिसल्डी भी शामिल थे। बाद में 12 लोगों का एक गुप्त दल बनाया गया, जिसमें शीशराम शर्मा, गंगासिंह त्यागी, शंकरदत्त भारद्वाज, केसर सिंह, गुलाब सिंह, बलवंत सिंह रावत, संतन सिंह रावत, मुकुंद सिंह सल्डी, पंचम सिंह गुजड़ू वाले, बाग सिंह, भवान सिंह, सुंदरलाल को शामिल किया गया।

> ***वर्ष 1938-39 में ग्राम सुधार विभाग की स्थापना हुई कन्सरवेटर ऑफ फॉरेस्ट्स श्री चतुर्वेदी ग्रामीण विकास अधिकारी बने, हल्द्वानी में आर्गनाइजर कैंप लगा। हर जिले से 25-25 व्यक्तियों को तीन महीने की ट्रेनिंग दी गई। मुझे डिस्ट्रिक्ट स्काउट मास्टर तथा एडल्ट एजुकेशन इंसपेक्टर नियुक्त किया गया मेरा कार्यालय पौड़ी में स्थापित हुआ।***

वर्ष 1938-39 में ग्राम सुधार विभाग की स्थापना हुई। कंजर्वेटर ऑफ फॉरेस्ट्स श्री चतुर्वेदी ग्रामीण विकास अधिकारी बने, हल्द्वानी में आर्गनाइजर कैंप लगा। हर जिले से 25-25 व्यक्तियों को तीन महीने की ट्रेनिंग दी गई। मुझे डिस्ट्रिक्ट स्काउट मास्टर तथा एडल्ट एजुकेशन

इंसपेक्टर नियुक्त किया गया। मेरा कार्यालय पौड़ी में स्थापित हुआ। मैं इस पद पर वर्ष 1939 से 1941 तक कार्य करता रहा। मैंने इस दौरान भी आजादी समर्थक क्रियाकलाप जारी रखे। इससे कुपित होकर एक दिन अचानक कुछ पुलिस वालों ने पौड़ी में मेरा निवास घेर लिया और बोले, "आपकी गिरफ्तारी का आदेश है।" मैंने कहा, "मैं इस तरह रात के अँधेरे में गिरफ्तारी नहीं दूँगा। मैं कल सुबह आठ बजे तक ही घर से बाहर निकलूँगा।" पुलिस टीम को मन मसोस कर इंतजार करना पड़ा।

सुबह आठ बजे मैंने रामलीला ग्राउंड में जनता के बीच में गिरफ्तारी दी। मुझे एक साल की सजा और दो सौ रुपए जुरमाने की सजा सुनाई गई। इस दौरान मुझे पहले पौड़ी, फिर मुरादाबाद और बाद में चुनार जेल भेजा दिया गया।

सुबह आठ बजे मैंने रामलीला ग्राउंड में जनता के बीच में गिरफ्तारी दी। मुझे एक साल की सजा और दो सौ रुपए जुरमाने की सजा सुनाई गई। इस दौरान मुझे पहले पौड़ी, फिर मुरादाबाद और बाद में चुनार जेल भेजा दिया गया।

ग्राम सुधार कार्यक्रम के दौरान मैंने देखा कि इतना सबकुछ करने के बावजूद भी अधिकांश जनता, जिसके लिए हम लड़ रहे थे, वह हमारे व्यापक उद्‌देश्य से परिचित ही नहीं थी। आजादी मिलने से क्या होगा? आजादी होती क्या है? उसे इसका कोई खास इल्म नहीं था। शिक्षा और सामाजिक जागरूकता का व्यापक अभाव था। मैं हरगोविंद पंत, विक्टर मोहन जोशी, जयानंद भारतीय, बलदेव आर्य जैसे अपने अनेक साथियों के साथ डोला-पालकी, बाल-विवाह, छुआछूत, पितृसत्ता आदि तमाम बुराइयों और कुरीतियों के प्रति लगातार संघर्षरत रहा, लेकिन कभी-कभी मुझे ऐसा लगने लगता कि इन समस्याओं को दूर किए बिना आजादी अर्थहीन और अधूरी होगी। अतः इस बार जेल में बंद रहने के दौरान मैंने अपने लिए एक

खाका तैयार किया, जिसमें सामाजिक और रचनात्मक कार्यों को यथासंभव स्थान दिया। जेल से छूटने के बाद मास्टर गुलाब सिंह और मैं सीधे दुगड्डा पहुँचे और योजना के अनुसार रचनात्मक कार्यों में लग गए।

वर्ष 1940-41 की बात होगी, दुगड्डा के बाद गुजड़ू मेरा दूसरा मुख्य ठिकाना बन चुका था। पिछले कुछ समय में, यहाँ मैंने हजारों सत्याग्रही साथी तैयार किए थे। अधिकांश जनता ने कर (टैक्स) देना बंद कर दिया था। इससे क्रोधित होकर अंग्रेज प्रशासन ने पुलिस की मदद से पातल गाँव में घेरा डालकर रतन सिंह गोसांई, मनवर सिंह, बनवारी सिंह, मुकुंद सिंह, गौर सिंह, वीर सिंह, संतन सिंह, बच्ची सिंह, पंचम सिंह आदि 14 लोगों को गिरफ्तार कर लिया। उनके मकानों की नीलामी कर दी गई। धीरे-धीरे सैकड़ों लोगों को लगान विरोधी आंदोलन में जेलों में ठूँस दिया गया। कर वसूली के लिए एक विशेष पुलिस बल का गठन करके अलग से 'प्यूनिटिव टैक्स' लागू कर दिया गया।

अंग्रेजी हुकूमत के आदेश पर हो रहे इन अत्याचारों का विरोध करने के लिए हमने गुजड़ू में एक बड़ा आंदोलन करने की योजना बनाई। मैंने गाँव-गाँव जाकर जन-जागरण का बीड़ा उठाया। इस दौरान गिरफ्तारी की तलवार हमेशा मेरे सिर पर लटकी रहती थी और गिरफ्तार होने का मतलब था—आंदोलन का रुक जाना और सारी मेहनत का व्यर्थ हो जाना।

अंग्रेजी हुकूमत के आदेश पर हो रहे इन अत्याचारों का विरोध करने के लिए हमने गुजड़ू में एक बड़ा आंदोलन करने की योजना बनाई। मैंने गाँव-गाँव जाकर जन-जागरण का बीड़ा उठाया। इस दौरान गिरफ्तारी की तलवार हमेशा मेरे सिर पर लटकी रहती थी और गिरफ्तार होने का मतलब था—आंदोलन का रुक जाना और सारी मेहनत का

व्यर्थ हो जाना। गिरफ्तारी से बचने के लिए मुझे जंगल-जंगल भटकना पड़ा। मैंने कई रातें जंगलों में पेड़ों पर और पत्थरों के नीचे बनी गुफाओं में भूखे-प्यासे रहकर बिताईं।

इसी क्रम में मैं एक बार असौं गाँव के धर्मसिंह मालगुजार के पास गया, फिर खड़कोली गया और वहाँ से शंकरचरण वैध, पान सिंह, वीरसिंह, गीताराम वैद्य आदि को लेकर नजदीकी गाँव पड़सोली में एक सभा आयोजित की, जिसमें गुजडू आंदोलन को सफल बनाने की अपील की गई। मंगलवार 14 जनवरी, 1941 को मकर संक्रांति के दिन जगमोहन सिंह नेगी, हरगोविंद पंत, विक्टर मोहन जोशी, कुँवर आनंद सिंह आदि दिग्गजों की उपस्थिति में सल्ट महादेव नामक स्थान पर गुजडू सभा का आयोजन हुआ। सभा के संयोजक विष्णुसिंह रावत थे। गुजडू का बच्चा-बच्चा इस सम्मेलन का हिस्सा बना। न सिर्फ गुजडू, बल्कि अल्मोड़ा से भी कई लोग इस सभा में हिस्सा लेने पहुँचे, जिनमें पान सिंह पटवाल, पुरुषोत्तम दत्त उपाध्याय, लक्ष्मणसिंह अधिकारी, मथुरा दत्त भट्ट, डॉ. बालादत्त पांडेय, देवकी नंदन पांडेय भी शामिल थे। युवाओं को आकर्षित करने और स्थानीय उद्यमों/उद्यमियों को प्रोत्साहित करने के लिए हमने स्थानीय उद्योगधंधों की प्रदर्शनियाँ भी लगाईं। हमारा उद्देश्य अंग्रेजों का हर तरह से पराभव करना था। मकर संक्रांति के इसी मेले में जोशीला भाषण देने के कारण गीताराम पोखरियाल को गिरफ्तार कर लिया गया और साढ़े तीन वर्ष की सजा सुनाई गई, किंतु बाद में सत्याग्रहियों की आम रिहाई में दिसंबर माह तक उन्हें भी रिहा कर दिया गया।

इसी क्रम में मैं एक बार असौं गाँव के धर्मसिंह मालगुजार के पास गया, फिर खड़कोली गया और वहाँ से शंकरचरण वैध, पान सिंह, वीरसिंह, गीताराम वैद्य आदि को लेकर नजदीकी गाँव पड़सोली में एक सभा आयोजित की, जिसमें गुजडू आंदोलन को सफल बनाने की अपील की गई।

□

विक्टर मोहन जोशी

भक्त दर्शन

दोनों तसवीरें साभार : इंटरनेट

12

लैंसडौन कांड

द्वितीय विश्वयुद्ध (वर्ष 1939–1945) शुरू होने के कुछ वर्ष बाद, इस युद्ध में ब्रिटेन और उनके साथी देशों के पक्ष में भारत का संपूर्ण सहयोग प्राप्त करने हेतु विंस्टन चर्चिल के मंत्री 'सर स्टैफोर्ड क्रिप्स' के नेतृत्व में एक आयोग भारत आया, जिसे 'क्रिप्स मिशन' कहा गया। इस मिशन की असफलता के बाद महात्मा गांधी ने 8 अगस्त, 1942 की रात को मुंबई में 'भारत छोड़ो' आंदोलन की घोषणा की और अंग्रेजों के खिलाफ अंतिम युद्ध छेड़ते हुए देशवासियों को 'करो या मरो' का नारा दिया। 9 अगस्त की पहली किरण के साथ ही कांग्रेस कार्य समिति के सभी सदस्यों को गिरफ्तार कर लिया गया और कांग्रेस को गैरकानूनी संस्था घोषित करके महात्मा गांधी सहित देश के लगभग सभी बड़े नेताओं को जेल में डाल दिया गया। सरकार के इस कदम से चारों ओर हिंसात्मक आंदोलन फैल गया। पुलिस

विंस्टन चर्चिल के मंत्रिमंडल के सदस्य व क्रिप्स मिशन के नेतृत्वकर्ता स्टैनफोर्ड क्रिप्स गांधीजी के साथ

फोटो : इंटरनेट मीडिया

और आंदोलनकारियों के बीच खूनी संघर्ष शुरू हो गया। लाखों गिरफ्तारियाँ हुईं, जिससे देश की जेलों में जगह कम पड़ने लगी। जैसे–जैसे खबरें आती रहीं, गढ़वाल में भी आक्रोश बढ़ता गया।

इसी बीच हमने ढौंरी, डबरालस्यूं में करीब 500 कार्यकर्ताओं के साथ एक बैठक आयोजित की, जिसमें मैंने गढ़वाल से अंग्रेज प्रशासन को उखाड़ फेंकने और लैंसडौन अदालत पर कब्जा कर प्रशासन को जनता के अधीन करने का प्रस्ताव रखा। अधिकांश कार्यकर्ता इस प्रस्ताव के पक्ष में थे। कुछ–एक शंकाओं का निराकरण करने के बाद हमने आगे बढ़ने का निर्णय लिया।

अतः एक गुप्त योजना तैयार की गई, जिसके अनुसार यह तय किया गया कि सबसे पहले लैंसडौन को शेष भारत से जोड़ने वाली टेलीफोन की तारें काटकर संचार व्यवस्था समाप्त कर दी जाए, जनता द्वारा पूरे लैंसडौन को घेरकर ट्रेजरी पर कब्जा करने के बाद एस.डी.एम. अंबादत्त पंत को डी.एम. घोषित करके समस्त सरकारी तंत्र को जनता के अधीन कर दिया जाए और प्रशासन चलाने के लिए एक एक्जिक्यूटिव कमेटी बनाई जाए, जिसका संयोजक प्रताप सिंह नेगी को बनाया जाए। आगे तय किया गया कि चारों दिशाओं में चार कमानों का गठन किया जाए, इस प्रकार चारों दिशाओं से हजारों लोगों द्वारा एक साथ धावा बोला जाए।

चार समूह गठित कर दिए गए, यह निश्चित किया गया कि चमकोटखाल, सिलोगी, दुगड्डा, यमकेश्वर के जत्थे का संचालन छवाण सिंह नेगी, गोपाल सिंह और लीलाचंद डबराल करेंगे।

चार समूह गठित कर दिए गए, यह निश्चित किया गया कि चमकोटखाल, सिलोगी, दुगड्डा, यमकेश्वर के जत्थे का संचालन छवाण सिंह नेगी, गोपाल सिंह और लीलाचंद डबराल करेंगे। पोखड़ा एकेश्वर, पाटीसैंगण से चंद्र सिंह रावत, कुँवर मस्ताना और नारदानंद नेतृत्वकर्ता

रहेंगे तथा नैनीडांडा रिखणीखाल, अधरियाखाल से मास्टर गुलाब सिंह, शीशराम पोखरियाल, थोकदार नारायण सिंह रावत, थान सिंह रावत, बलवंत सिंह रावत अगुआई करेंगे। जबकि चमोली से थोकदार देवानंद, जिवानंद खंडूड़ी, अनुसूया प्रसाद बहुगुणा और जोगेश्वर प्रसाद खंडूड़ी के नेतृत्व में आगे बढ़ा जाएगा। बैठक के तत्काल बाद सभी ने अपने-अपने इलाकों में लोगों को तैयार करना शुरू कर दिया।

लैंसडौन पर कब्जा करना इतना आसान न था, क्योंकि वहाँ हथियार बंद फौज मौजूद थी। इसलिए हमें भी हथियारों और हथियार चलाने में प्रशिक्षित व्यक्तियों की आवश्यकता थी। तमाम व्यवस्थाओं और तैयारियों का खाका तैयार करने के लिए एक और गोपनीय सभा बुलाई गई। यह सभा चौबट्टाखाल के जंगल में करीब एक हजार कार्यकर्ताओं की उपस्थिति में हुई।

लैंसडौन पर कब्जा करना इतना आसान न था, क्योंकि वहाँ हथियार बंद फौज मौजूद थी। इसलिए हमें भी हथियारों और हथियार चलाने में प्रशिक्षित व्यक्तियों की आवश्यकता थी। तमाम व्यवस्थाओं और तैयारियों का खाका तैयार करने के लिए एक और गोपनीय सभा बुलाई गई। यह सभा चौबट्टाखाल के जंगल में करीब एक हजार कार्यकर्ताओं की उपस्थिति में हुई। तला सलाण, मला सलाण और चौंदकोट से आकर इकट्ठा हुए इन लोगों के भोजन की व्यवस्था दलिबौ के नत्थी प्रसाद पांथरी ने गाँव से दूर एक गौशाला में की। यह सभा रात में लगभग 3 बजे तक चलती रही। इसी बैठक में पूरी योजना को अंतिम रूप दिया गया। सभा में यह तय हुआ कि सबसे पहले हथियारों को जुटाने का कार्य किया जाए। इसके लिए अलग से एक छोटी सी बैठक रखी जाए।

21 व्यक्तियों की एक समिति बनाई गई, जिसे हाईकमान माना गया।

इसमें सदानंद शास्त्री, चंद्रसिंह रावत वकील, थोकदार नारायण सिंह, पान सिंह रावत, गोकुल सिंह नेगी, छवाण सिंह नेगी आदि सहित मेरा नाम भी शामिल था।

हथियार इकट्ठा करने की जिम्मेदारी छवाण सिंह नेगी को दी गई। तथापि, चूँकि मैं सेना में रह चुका था और मुझे हथियारों तथा गोला-बारूद की कुछ जानकारी थी, अतः बैठक समाप्त होते ही मैं कर्णप्रयाग पहुँचा, वहाँ हमने देवानंद थोकदार और जीवानंद खंडूड़ी की मदद से पी.डब्ल्यू.डी. के स्टोर पर धावा बोल दिया। आधी रात को लगभग एक बजे सब्बल से पी.डब्ल्यू.डी. के स्टोर का ताला तोड़ा और वहाँ से डाइनामाइट विस्फोटक की पेटियाँ निकाल लीं, फिर रातभर पैदल चलते हुए हम सुबह-सुबह आदिबद्री पहुँचे। आगे कोदियाबगड़, थलीसैंण, बैजरौ और फिर जोगीमड़ी होते हुए डुमैलातल्ला के सदानंद धौलाखंडी के खंडहर मकान में ये पेटियाँ रखीं और यहाँ से इन विस्फोटकों को पूर्व में गठित चारों कमानों को भिजवाया।

सबकुछ योजना के अनुसार चल रहा था, किंतु हमारा दुर्भाग्य था कि हमारी अंतिम गुप्त बैठक में मंगरात खन्तवाल मौजूद थे। बैठक से लौटकर घर जाते समय वह थोकदार गोविंद सिंह से मिले और बैठक में हुई सारी बातें उनके सामने उगल दीं।

सबकुछ योजना के अनुसार चल रहा था, किंतु हमारा दुर्भाग्य था कि हमारी अंतिम गुप्त बैठक में मंगरात खन्तवाल मौजूद थे। बैठक से लौटकर घर जाते समय वह थोकदार गोविंद सिंह से मिले और बैठक में हुई सारी बातें उनके सामने उगल दीं। हालाँकि, अधिकांश मालगुजारों को हम अपनी ओर मिला चुके थे, किंतु गोविंद सिंह उन कुछ मालगुजारों में से थे, जो अब भी अंग्रेजों के हिमायती थे। अंत में, थोकदार गोविंद सिंह ने लैंसडौन डाक-बँगले में पहुँचकर सारी बातें डी.सी. वर्नीड को बता दीं।

मैं अपनी योजना को सफल बनाने के लिए तमाम बैठकें करने और गोला-बारूद की व्यवस्था करने तथा उसे चारों कमानों तक पहुँचाने में व्यस्त था। इसी बीच चिंतामणि बलोधी एक बुरी, लेकिन महत्त्वपूर्ण खबर लेकर पहुँचे। हाँफते हुए बोले, "कप्तान साहब! डी.सी. को हमारी योजना की खबर लग गई है और उसने लैंसडौन जाने वाले सभी रास्तों को तत्काल प्रभाव से सील कर दिया है।"

इस बीच एक डाक लेकर हीरामणी बुलेखा मुझे नौगाँवखाल में शीशराम पांथरी की दुकान में मिले। मैं डाक प्राप्त करने के बाद पौड़ी गया, वहाँ से कुछ साथियों को लेकर बुआखाल होते हुए रात को खातस्यूं सिमतोली में चिंतामणि थपलियाल के पास ठहरा। बातचीत के बाद उन्होंने कहा कि आप यहाँ कुछ देर आराम कर लीजिए, दिन में आगे निकल जाना।

यह हमारे लिए एक बड़ा झटका था। चिंतामणिजी अपनी बात कहकर चुप हो गए। मैंने उन्हें दोनों हाथों से पकड़कर बैठाया। कुछ देर की खामोशी के बाद उन्होंने पुनः बोलना शुरू किया, "मैं खुद पता करके आया हूँ, चौमासू पुल तथा बांधर पुल पर फौज का कड़ा पहरा लग गया है। लाइसेंसी हथियार-धारकों को अपने-अपने घरों पर ही रहने और मौके पर हाजिर होने के आदेश दे दिए गए हैं। आदेश में यह भी कहा गया है कि यदि कोई घर पर नहीं पाया गया, तो उसे षड्यंत्र में शामिल माना जाएगा।"

कुछ देर सोचने के बाद मैंने स्पष्ट कर दिया कि अब चाहे जो हो, हम पीछे नहीं हटेंगे। इस प्रकरण में असफल होना भी हमारे लिए एक सफलता होगी, क्योंकि इससे हम अंग्रेजों को यह बता सकेंगे कि हमारे पास सत्याग्रह के अलावा और भी विकल्प हैं, जिनका इस्तेमाल करना हम बखूबी जानते हैं। इस विचार से मैंने आगे बढ़ने का निश्चय किया।

इस बीच एक डाक लेकर हीरामणी बुलेखा मुझे नौगाँवखाल में शीशराम पांथरी की दुकान में मिले। मैं डाक प्राप्त करने के बाद पौड़ी गया, वहाँ से कुछ साथियों को लेकर बुआखाल होते हुए रात को खातस्यूं सिमतोली में चिंतामणि थपलियाल के पास ठहरा। बातचीत के बाद उन्होंने कहा कि आप यहाँ कुछ देर आराम कर लीजिए, दोपहर बाद आगे निकल जाना। मैं पिछले कुछ दिनों से लगातार दिन-रात दौड़-धूप करने की वजह से बुरी तरह थका हुआ था। इसलिए मुझे उनकी बात जँच गई, किंतु मुझे दिन भर ऐसी नींद लगी कि मैं शाम तक बेसुध पड़ा रहा और रात को मुझे वहीं पर रुकना पड़ा।

अगले दिन सुबह बड़ेथ होकर मैं अपने साथियों के साथ नौगाँवखाल पहुँचने ही वाला था कि तहसीलदार जगत सिंह मेरे नाम का वारंट लेकर नौगाँवखाल पहुँच गया। उस समय मैं जड़दाखाल तक ही पहुँच पाया था। यहाँ मैं केसर सिंह जी से विचार-विमर्श करने के लिए उनके घर पहुँचा। बातचीत के बाद वह बोले, "तुमने खाना न्हीं खाया होगा। थोड़ा भात, बाड़ी और फाणुं भढ्ढलू (कढ़ाई) में रखा है। जाओ खा लो।" दिन आधा बीत चुका था। भूख लगी ही हुई थी। मैंने भात खाया और सीधे नौगाँवखाल की ओर बढ़ गया। मेरे बाकी साथी इधर-उधर हो चुके थे।

मैं नौगाँवखाल पहुँचा ही था कि उर्वीदत्त पटवारी आए और बोले, "आपको तहसीलदार साहब याद कर रहे हैं। आपकी गिरफ्तारी का वारंट है; भागना चाहो तो भाग जाओ।" हमारी बात चल ही रही थी कि तहसीलदार जगत सिंह भी पहुँच गए।

मैं नौगाँवखाल पहुँचा ही था कि उर्वीदत्त पटवारी आए और बोले, "आपको तहसीलदार साहब याद कर रहे हैं। आपकी गिरफ्तारी का वारंट है; भागना चाहो तो भाग जाओ।" हमारी बात चल ही रही थी कि तहसीलदार जगत सिंह भी पहुँच गए। सामान्य हाल-चाल पूछने

और कुछ हलकी-फुलकी बातचीत के बाद उन्होंने नम्रतापूर्वक कहा, “आपको डिप्टी कमिश्नर साहब ने याद किया है, कुछ बात करना चाहते हैं। आप मेरे साथ चलें।”

इस दौरान वीणा के चंद्रसिंह अमीन तहसीलदार के हाथ धुला रहे थे, उन्होंने इशारा किया—‘भाग जाओ!’ मैंने उसी अंदाज में प्रत्युत्तर दिया, “ठीक है, अभी डाक-बँगले में मिलता हूँ।” मैं वहाँ से नीचे उतरा और भोलादत्त पांथरी के दो मंजिला मकान में ऊपर जाकर चुपचाप लेट गया और उन्हें बाहर से ताला लगा देने को कहा।

कुछ देर बाद रुद्रीदत्त पांथरी आए, ताला खोलकर बोले, “तहसीलदार जड़पानी से आगे निकल चुका है।” तहसीलदार और उसकी टीम पोखड़ा जाने की बात कहकर निकले थे। मैं आश्वस्त था कि वह मुझे फोर्स के बिना गिरफ्तार नहीं कर सकते। क्योंकि मैं हथियारबंद था।

मेरे कुछ साथियों को मैंने एकेश्वर होते हुए दलिबौ में मिलने को कहा था, मैं लटिबौ होते हुए दलिबौ के पंडित नत्थी प्रसाद पांथरी की तिबारी में पहुँचा, वहाँ देखा तो कानूनगो अपनी टीम लेकर पहले से ही मेरी प्रतीक्षा में मौजूद था।

मेरे कुछ साथियों को मैंने एकेश्वर होते हुए दलिबौ में मिलने को कहा था, मैं लटिबौ होते हुए दलिबौ के पंडित नत्थी प्रसाद पांथरी की तिबारी में पहुँचा, वहाँ देखा तो कानूनगो अपनी टीम लेकर पहले से ही मेरी प्रतीक्षा में मौजूद था। तख्त पर दो जोड़ी हथकड़ियाँ रखी हुई थीं। इस प्रकार खुले में हथकड़ियाँ रखकर ग्रामीणों में भय व्याप्त करने की इस कायराना हरकत पर मुझे प्रचंड क्रोध आया। मैंने क्रोधपूर्ण गर्जना करते हुए कहा, “हट जाओ नहीं तो तुम सबकी जान खतरे में पड़ जाएगी।” इससे पहले कि वे सँभल पाते मैंने पिस्तौल निकाल ली। पिस्तौल लहराते हुए मैंने उन्हें चेताया कि मेरा एक दल यहाँ पहुँचने ही

वाला है और यदि वे पीछे नहीं हटे तो बड़ा खून-खराबा होगा। वे लोग चुपचाप उठकर चलते बने। सचमुच में, आधे घंटे के भीतर ही चंद्रसिंह रावत, नारदानंद भट्ट, कुँवर सिंह आदि सहित 20-25 लोगों का जत्था वहाँ इकट्ठा हो गया।

पं. नत्थी प्रसाद बोले, "वे लोग हमें नहीं छोड़ेंगे, क्योंकि आपने उनको पिस्तौल दिखाकर डराया-धमकाया है।"

मैंने उन्हें समझाया, "इसमें आपकी कोई भूमिका नहीं है। मैंने उनको पिस्तौल आपके कहने पर थोड़े ही दिखाया। आप निश्चिंत रहें।" दलिबौ में रुककर मैं सेडियाखाल के बुद्धिराम नौटियाल से मिलते हुए, अगले दिन भदूली में शंकर दत्त मालगुजार के पास पहुँचा और इस तरह चारों दिशाओं में घूम-घूमकर लैंसडौन में सत्ता परिवर्तन की दिशा में तैयारियाँ करता रहा।

> ***प्रशासन ने स्कूलों को पहले ही बंद करवा दिया था। 27 अगस्त की सुबह मैं 80 लोगों के साथ और छवाण सिंह नेगी 50-60 लोगों के साथ धूरा में चुंगी के निकट पहुँचे। वहाँ पहुँचते ही हमने चुंगी से थोड़ा आगे एक चट्टान पर बैठकर टेलीफोन तारों को काटना शुरू कर दिया।***

अंत में 27 अगस्त, 1942 का वह दिन आ ही गया, जब हमें लैंसडौन पर हमला करना था। 'भारत छोड़ो' आंदोलन के इस दौर में देश के कई छोटे बड़े शहरों पर देश भक्तों का कब्जा हो चुका था। हर भारतीय के मन में मास्टर दादा सूर्यसेन दस्तक दे रहे थे और हर भारतीय की आँखें केवल एक ही सपना, सुनहरा सपना-स्वतंत्र भारत का सपना देख रही थीं। भले ही हमारी योजना की जानकारी प्रशासन को पहले मिल चुकी थी, लेकिन हमारा प्रयास जारी रहा।

प्रशासन ने स्कूलों को पहले ही बंद करवा दिया था। 27 अगस्त

की सुबह मैं 80 लोगों के साथ और छवाण सिंह नेगी 50-60 लोगों के साथ धूरा में चुंगी के निकट पहुँचे। वहाँ पहुँचते ही हमने चुंगी से थोड़ा आगे एक चट्टान पर बैठकर टेलीफोन तारों को काटना शुरू कर दिया। टेलीफोन की तारें कट ही चुकी थीं कि भाई केसर सिंह को बिजली का जोरदार झटका लगा, वह पहाड़ से नीचे गिर गए। टेलीफोन सेवाएँ बंद हो गईं और केसर की साँसे भी। बिजली का झटका इतना तगड़ा था कि केसर सिंह का मृत शरीर पहाड़ी से नीचे जा गिरा।

जैसे ही टेलीफोन सेवाएँ ठप्प हुईं, उसके कुछ देर बाद ही वहाँ सेना और पुलिस के अधिकारियों तथा सिपाहियों का जमावड़ा लग गया। पुलिस और सेना ने मिलकर नजदीकी इलाकों में छापमारी शुरू कर दी। यद्यपि हम अपना काम करते ही निकल चुके थे, हमारे कुछ साथी नारायण सिंह चौहान, लीलानंद डबराल, वंशीलाल, सदानंद सुंद्रियाल, त्रिलोकसिंह रावत और ढौंरी के जयसिंह रावत गिरफ्तार कर लिए गए। मैं तूनीखाल स्कूल की ओर निकल गया था। इस बीच मैंने लगभग 10-12 लोगों को केसर सिंह के शव का पता लगाकर मुझे सूचित करने के लिए कह दिया था। वे शव का पता लगाकर मेरे पास लौट आए। हमने निश्चय किया कि दाह संस्कार रात में ही करना है। हमने पहाड़ी से शव उठाया और सीरूबाड़ी ले जाकर रात के लगभग 2 बजे एक छोटी सी नदी के किनारे 'वंदे मातरम्!' का जयघोष करते हुए अमर बलिदानी केसर सिंह को अंतिम विदा दी। संस्कार पूरा करने के पश्चात् उनकी आत्मा की शांति के लिए प्रार्थना की और साढ़े चार बजे वहाँ से

जैसे ही टेलीफोन सेवाएँ ठप्प हुईं, उसके कुछ देर बाद ही वहाँ सेना और पुलिस के अधिकारियों तथा सिपाहियों का जमावड़ा लग गया। पुलिस और सेना ने मिलकर नजदीकी इलाकों में छापमारी शुरू कर दी।

रवाना हो गए। इससे पहले कि अँधेरा छँटे, हम चमेठा से आगे निकल चुके थे।

फौज की चार बटालिन छापा मारने के लिये निकल पड़ी थीं। आजादी के दीवानों के झुंड के झुंड लैंसडौन की ओर कूच कर रहे थे। गिवाड़ चौखुटिया सल्ट की ओर से भी एक जत्था निकल चुका था, जो अब खुमाड़ पहुँच गया था। एक जत्था बराथ में शीशराम पोखरियाल के घर पहुँचा। चौंदकोट का जत्था भाई चंद्रसिंह गजरसैंण, नारदानंद, सीला और कुँवरसिंह मस्ताना के नेतृत्व में रणस्वा (दमदेवल) के डांडा में हरिजन भाइयों के मकान पर शरण लिए हुए था। छापामारी की प्रक्रिया तेज हो चुकी थी। चारों ओर सेना तथा पुलिस के जवान घूम रहे थे।

कैप्टन थॉमस के नेतृत्व में लेफ्टिनेंट वचन सिंह और लेफ्टिनेंट प्रताप सिंह नेगी सहित गढ़वाल राइफल्स की एक कंपनी बीरोंखाल पहुँच चुकी थी। स्पेशल मजिस्ट्रेट कुंदन सिंह मल्ल और नायब तहसीलदार चंदन सिंह भी इनके साथ थे। एक कंपनी कैप्टन डेविस के नेतृत्व में यमकेश्वर में और एक कंपनी कैप्टन हैंसफोर्ड के नेतृत्व में एकेश्वर और नौगाँवखाल भेजी दी गई। इन चारों बटालिनों की कमान मेजर वॉकर के हाथ में थी। मेजर वॉकर खुद एक कंपनी लेकर मंज्याडी सैंण (रिखणीखाल) पहुँचे। उनके पास वायरलेस सेट थे। इस सघन छापेमारी और घेराबंदी के कारण, पूर्वी क्षेत्र से आ रहे हमारे साथियों के एक दल को दीवाडांडा में

कैप्टन थॉमस के नेतृत्व में लेफ्टिनेंट वचन सिंह और लेफ्टिनेंट प्रताप सिंह नेगी सहित गढ़वाल राइफल्स की एक कंपनी बीरोंखाल पहुँच चुकी थी। स्पेशल मजिस्ट्रेट कुंदन सिंह मल्ल और नायब तहसीलदार चंदन सिंह भी इनके साथ थे। एक कंपनी कैप्टन डेविस के नेतृत्व में यमकेश्वर में और एक कंपनी कैप्टन हंसफोर्ड के नेतृत्व में एकेश्वर और नौगाँवखाल भेजी दी गई।

'रौतू का खत्ता' की बरसाती गौशालाओं में शरण लेनी पड़ी। लैंसडौन पर कब्जा करने की योजना खतरे में पड़ चुकी थी। इसलिए हमें जो जहाँ था, उसे वहीं रुकने का संदेश भिजवाना पड़ा। हम चारों तरफ से घिर चुके थे। बाहर निकलना मुश्किल हो गया था। अब यह समस्या हो गई कि इतने लोगों को कहाँ ले जाया जाए और कैसे ले जाया जाए।

उधर खुमाड़ कुमाऊँ और गुजडू के लगभग 2,000 से अधिक लोग असौं में नारायण सिंह रावत के पास पहुँच गए थे। थोकदार नारायण सिंह के साथ ही ब्यूलागिरी ने भोजन व्यवस्था की। रेंजर भवान सिंह की उदार और बहादुर पत्नी ने रात के आठ बजे तीन घटों (पनचक्की) पर कई दूण (लगभग 35 किलोग्राम = 01 दूण) गेहूँ पिसवाने के लिए भेजे। गाँव के लोगों ने दाल-मुंगरी (मक्का) इकट्ठा की और झुंड-के-झुंड बनाकर आए लोगों के खाने-पीने की व्यवस्था की। जैसे-तैसे रात काटने के बाद सभी लोग गुप्त स्थानों की ओर चले गए।

भले ही हम लैंसडौन पर कब्जा न कर सके हों, लेकिन इतनी बड़ी संख्या में जनता का चारों दिशाओं से एक साथ उमड़ पड़ना अंग्रेज प्रशासन और उसके हमदर्दों की नींद उड़ाने के लिए काफी था। सभी लोगों से छोटे-छोटे समूहों में बँटकर जल्द-से-जल्द अपने घरों को लौटने का आग्रह किया गया। हम लोग खुद 20-25 की संख्या में छोटे-छोटे गुटों में रहने लगे। रात में किसी नजदीकी गाँव में आते और खाना खाकर दिन भर जंगलों में छुपे रहते। कभी भोजन मिलता, तो कभी नहीं भी मिलता। हमें कई बार दो-दो, तीन-तीन दिन तक भूखा रहना पड़ता। उधर, काँड़ा में मेरे परिवार को घर से बाहर निकालकर मकान को सील कर दिया गया और समस्त परिवार को बागी घोषित कर दिया गया। द्वितीय विश्वयुद्ध में ब्रिटिश-इंडियन आर्मी की ओर से इराक में नाजी जर्मनी के नेतृत्व वाले धुरी राष्ट्रों के खिलाफ युद्ध में शामिल रहे मेरे छोटे भाई काशीराम को सेना से निकाल दिया गया।

□

13

अत्याचार और प्रतिकार

धीरे-धीरे लोग अपने-अपने गाँव लौटने लगे। इस बीच मेजर वॉकर ने अधिक से अधिक गिरफ्तारियाँ करने के लिए कुंदन सिंह मल्ल, मेजर प्रतापसिंह आदि लोगों को साथ लेकर एक 'अमन कमेटी' बनाई। स्थानीय लोगों को लालच देकर इसमें शामिल किया गया। अमन कमेटी के कारिंदों को खादी कपड़े पहनाकर कांग्रेसी वेश धारण करवाकर वास्तविक कांग्रेसियों की मुखबिरी करवाई जाने लगी, ज्योंही किसी कांग्रेसी का पता चलता उसे गिरफ्तार करके लैंसडौन भेज दिया जाता। घर-घर छापेमारी होने लगी। नारायण सिंह थोकदार के मकान पर ताला लगा दिया गया, बराथ में शीशराम पोखरियाल तथा डुंगरी के थान सिंह रावत सहित कई लोगों के मकानों को सील कर दिया गया। सरकारी आतंक इस हद तक बढ़ गया कि उन्होंने महिलाओं और बच्चों तक को भी नहीं बख्शा। भौन के कुलानंद ध्यानी की पत्नी और उनके दो छोटे बच्चों को घर से बाहर निकालकर वहाँ ताला लगा दिया गया। वह असौं के बसवानंद जोशी की पुत्री थीं, बेघर होने के बाद वह अपने पिता के घर पहुँचीं, तो देखा कि वहाँ भी सरकारी ताला लगा था। अंत में, वह अपने मामा शीशराम ग्राम औलेथ पट्टी बूंगी के पास गईं। औलेथ में वह 10-15 दिन ही रह पाई थीं कि पटवारी, कानूनगो उनके मामा शीशराम को गिरफ्तार करने और नैनीडांडा स्थित उनकी दुकान को सील करने की धमकी देने लगे। शीशरामजी ने कुलानंद ध्यानी की

पत्नी और बच्चों को अपनी ससुराल की एक गौशाला में गुप्त रूप से रखा। इस बीच वह उनके खाने-पीने, कपड़ा-लत्ता आदि की व्यवस्था करते रहे। दर-दर की ठोकरें खाने के बाद वे बच्चे इतने डरे हुए थे कि उन्होंने किसी से भी बातचीत करना तक बंद कर दिया था। अगस्त की भयानक बरसात के बाद ठंड का मौसम आया। भूख-प्यास और हड्डियाँ गला देने वाली ठंड से दोनों बच्चे गौशाला में ही मर गए और कुछ दिन बाद माँ भी मरी हुई मिली।

भय और आतंक का आलम ऐसा था कि गाँवों के अधिकतर लोग कांग्रेसियों और उनके परिवार वालों से बात करना तो दूर, उनकी ओर देखने भर से कतराने लगे थे। अंत में, कुलानंद ध्यानी की मृतक पत्नी और उनके अभागे बच्चों का अंतिम संस्कार पास के हरिजन भाइयों ने किया। इस प्रकार की अनेक घटनाएँ उदयपुर, चौंदकोट, पौड़ी और कई अन्य जगहों में हुईं। उधर पैठाणी में सकलानंद शास्त्री जी की गाय-भैंस नीलामी के लिए भेज दी गईं। शास्त्रीजी इस क्रम में चक्कर लगा लगाकर एक दिन रास्ते में ही दिवंगत हो गए।

पुलिस और प्रशासन के अत्याचार इस सीमा तक बढ़ गए कि पटवारी कानूनगो जैसे छोटे-मोटे सरकारी कर्मचारी गाँवों में घुसकर जुल्म करने लगे। गिरफ्तारी से बचने के लिए फरार हुए लोगों के घरों की अकेली महिलाओं से बदसलूकी होने लगी, तो कुमर्था गाँव के पास एक पटवारी को मारकर गंगा में फेंक दिया गया।

पुलिस और प्रशासन के अत्याचार इस सीमा तक बढ़ गए कि पटवारी कानूनगो जैसे छोटे-मोटे सरकारी कर्मचारी गाँवों में घुसकर जुल्म करने लगे। गिरफ्तारी से बचने के लिए फरार हुए लोगों के घरों की अकेली महिलाओं से बदसलूकी होने लगी, तो कुमर्था गाँव के पास एक पटवारी को मारकर गंगा में फेंक दिया गया। इस संदर्भ में कांतिचंद

उनियाल का नाम सामने आया, कांतिचंद बद्रीनाथ भाग गए, वहीं भीषण हिमपात के कारण जंगलों में ही उनका देहांत हो गया।

सल्ट हत्याकांड

इस बीच, साथियों की सुरक्षित और सकुशल वापसी की व्यवस्थाओं के बारे में जायजा लेने के लिए मैं कभी गढ़वाल तो कभी कुमाऊँ लगातार इधर-उधर भटकता रहा। मैं गढ़वाल और कुमाऊँ की सीमा पर कुमाऊँ में था। गढ़वाल में गुजडू और कुमाऊँ में सल्ट, खुमाड़ की साझा भूमि सत्याग्रहियों का केंद्र थी। सितंबर 1942 का शुरुआती समय था। हम लोगों ने निश्चय किया कि अंग्रेजों पर एक पलटवार किया जाए और आंदोलन की धार को तेज करने के लिए सब लोगों को पुन: इकट्ठा किया जाए। मानसिंह जंतवाल की सलाह पर खुमाड़ पट्टी सल्ट, जिला-अल्मोड़ा में आयोजन शुरू हुआ। बैठक में तीन-चार हजार लोगों की भीड़ जमा हो गई। भारी जन-सैलाब के बीच सभा चल ही रही थी कि इसकी पूर्व सूचना पाकर एस.डी.एम. जॉनसन रानीखेत से 50-60 पुलिस जवानों के साथ पहुँचा और भीड़ पर फायरिंग कर दी, तीन-चार व्यक्ति तत्काल मर गए और कई अन्य घायल हुए। मारे गए लोगों में दो सगे भाई भी थे।

साथियों की सुरक्षित और सकुशल वापसी की व्यवस्थाओं के बारे में जायजा लेने के लिए मैं कभी गढ़वाल तो कभी कुमाऊँ लगातार इधर-उधर भटकता रहा। मैं गढ़वाल और कुमाऊँ की सीमा पर कुमाऊँ में था। गढ़वाल में गुजडू और कुमाऊँ में सल्ट, खुमाड़ की साझा भूमि सत्याग्रहियों का केंद्र थी।

□

14

साँप घोंसले तक पहुँच गया

वर्ष 1943 के जून माह के अंतिम दिनों की बात है। मैं कोलागाड़ के जंगलों में था, मुझे सूचना दी गई कि मेरे पिताजी बद्रीनाथ यात्रा पर गए थे और वहाँ से लौटकर बीमार पड़ गए। आशंका थी कि वह किसी भी समय गुजर सकते हैं। मैंने अपने दो साथी भुवनेश घिल्डियाल और कुलानंद ध्यानी को साथ लिया और बचते-बचाते अपने गाँव के ऊपर बने प्राथमिक विद्यालय तक पहुँचा। मेरा घर घाटी में नीचे की ओर से पहली पंक्ति में थोड़ा हटकर बना हुआ था। मैं गाँव के ठीक ऊपर स्कूल में पहुँचा, वहाँ कुछ देर ठहरा और फिर वहाँ से दो लड़कों को अपने घर भेजकर पता कराया कि पिताजी वास्तव में बीमार हैं या कोई जाल बिछाया गया है ? दोनों साथी नीचे घर से होकर लौटे और बताया कि उनकी बीमारी की बात सच है और वैद्यजी घर में उनका इलाज कर रहे हैं।

यह जानने के बाद मैं तुरंत घर की ओर दौड़ा। मुझे देखते ही पिताजी ने खूब भला-बुरा कहा। मैं चुपचाप रहा। उनके हर वचन मेरे लिए आशीर्वचन थे। वह बोलते-बोलते हाँफने और खाँसने लगे। मेरा ध्यान उनकी घरघराती आवाज पर अटक गया। कभी उनके कंठ से उठने वाले मंत्रोचार पूरी घाटी को गुंजायमान कर दिया करते थे, लेकिन बीमारी के कारण उनकी आवाज अब क्षीण हो चुकी थी। मुझे बड़ी ग्लानि हो रही थी, मैं सोच रहा था कि मैं उन्हें दुख के सिवाय कुछ न दे सका। मैंने जिंदगी भर उन्हें सताया ही था। उनके आशीर्वचनों को मन में धारण करते

हुए मैं रसोई की तरफ चला गया और मातजी के दर्शन किए। माँ ने बड़े स्नेह से कहा, "तुम लोग भूखे होंगे।"

हमने माँ की बनाई मसपणी और भात खाया।

खाना खा लेने के पश्चात् मैंने माँ से कहा, "माँ मैं चला जाता हूँ, पुलिस मेरे पीछे पड़ी है।"

माँ कुछ न बोल सकीं, बस डबडबाई आँखों से मुझे देखती रहीं। मैं उठकर पिताजी के पास गया। पिताजी तिबारी में लेटे हुए थे, उनके मुँह पर ओढ़ना पड़ा हुआ था। वहाँ हमारे कुछ रिश्तेदार भी मौजूद थे। मैंने पिताजी के पैर छुए और चौक से होते हुए सीढ़ियों की ओर बढ़ गया। तभी पीछे से मेरे मामाजी ने दौड़कर आवाज दी, "बेटा रुको! पिता जी को कुछ हो गया, तो अंतिम संस्कार कौन करेगा?"

माँ कुछ न बोल सकीं, बस डबडबाई आँखों से मुझे देखती रहीं। मैं उठकर पिताजी के पास गया। पिताजी तिबारी में लेटे हुए थे, उनके मुँह पर ओढ़ना पड़ा हुआ था। वहाँ हमारे कुछ रिश्तेदार भी मौजूद थे। मैंने पिताजी के पैर छुए और चौक से होते हुए सीढ़ियों की ओर बढ़ गया।

मामा रुद्रीदत्त बहुखंडी उस समय लैंसडौन से आए थे। मैंने मामाजी को बहुत समझाया, किंतु वह मानने को तैयार नहीं थे। अंत में, माँ भी वहाँ आ गईं। माँ और मामा ने कहा, "आज देख ले बेटा, कल सुबह चार बजे उठा देंगे तब चले जाना।" मैं मजबूर हो गया और मुझे रुकना पड़ा।

जिसकी आशंका थी, वही हुआ। मेरे काँड़ा गाँव पहुँचने की खबर प्रशासन को लग गई। ऐसी ही किसी बात से आशंकित मैं रात को दो बजे उठा, स्टोव पर चाय बनाई और चाय पीते-पीते कपड़े बदलकर जैसे ही जाने को तैयार हुआ, ब्रिटिश सेना की एक पूरी कंपनी के लगभग 200 से अधिक जवानों ने हमारे घर को चारों ओर से घेर लिया। उनके साथ

कुछ अधिकारी और एक स्पेशल मजिस्ट्रेट भी मौजूद था। हमारे मकान में कुल 12 कमरे थे। हर दरवाजे के आगे बैनेट फिक्स कर मकान को सील कर दिया गया। किसी ने आवाज दी, “नौटियाल कहाँ है ?”

तब तक माँ जाग चुकी थीं। उन्होंने मुझे पीछे धकेलते हुए उत्तर दिया, “शायद पौड़ी चला गया है।”

तभी नीचे से किसी और ने कहा “नहीं! नहीं! वह घर पर ही है।” मुझे अंदर कमरे में मामाजी पर गुस्सा आ रहा था। अब तक सारा परिवार और मेहमान जाग चुके थे। फिर लेफ्टिनेंट वचन सिंह और लेफ्टिनेंट प्रताप सिंह को बुलाया गया और बताया गया कि रात में कप्तान नौटियाल के साथ कोई छेड़छाड़ न की जाए।

तभी नीचे से किसी और ने कहा “नहीं! नहीं! वह घर पर ही है।” मुझे अंदर कमरे में मामाजी पर गुस्सा आ रहा था। अब तक सारा परिवार और मेहमान जाग चुके थे। लेफ्टिनेंट वचन सिंह और लेफ्टिनेंट प्रताप सिंह को बुलाया गया और बताया गया कि रात में कप्तान नौटियाल के साथ कोई छेड़छाड़ न की जाए।

मैं उस समय आम के पेड़ के नीचे तिबारी के ऊपर वाले कमरे में था। नीचे उसी तिबारी में पिताजी लेटे हुए थे। मेरी माताजी मेरे उग्र स्वभाव को जानती थीं। उन्होंने फौज से मेरा किसी भी प्रकार का सीधा सामना होने से बचाने की नीयत से मेरे वाले कमरे के दरवाजे पर बाहर से ताला लगा दिया। कुछ देर बाद नायब तहसीलदार चंदन सिंह सीढ़ियों से चढ़कर ऊपर छज्जे पर आया और दरवाजे के बाहर से बोला, “दरवाजा खोलो! “दरवाजा खोलो!”

वह दरवाजे पर आकर ललकार रहा था। मुझसे चुप न रहा गया। मैंने जवाब दिया, “दरवाजा सुबह से पहले नहीं खुलेगा।”

वह बोला, “खुले चाहे नहीं खुले, लेकिन इस बार हमने तुम्हें

गिरफ्तार करने का बंदोबस्त कर ही लिया है।"

उसके इस दुस्साहस पर मैं अनियंत्रित हो गया। उसके इतना कहते ही मैंने दरवाजे पर पूरी ताकत से लात मारी दरवाजा दो टुकड़ों में टूटकर बिखर गया। मैं उन टुकड़ों को हटाकर बाहर निकला और मैंने नायब तहसीलदार चंदन सिंह को उसके कॉलर से पकड़कर छज्जे से नीचे फेंक दिया। शायद वह पहले से ही हथियार तैयार किए हुए था, उसने गिरते ही नीचे से अपनी 12 बोर की बंदूक से मेरे ऊपर फायर झोंक दिया। मैंने झुकते हुए अपना बचाव किया। वह फायर दरवाजे के ऊपर दंदार (जहाँ दीवार और छत जुड़ती है) के नीचे जा लगी। अपने आप को बचाते हुए मैंने भी उसके ऊपर अपनी पिस्तौल से फायर कर दिया, लेकिन वह अँधेरे का फायदा उठाकर बच गया। चारों ओर से संगीने तन गईं।

मैं छज्जे पर खड़ा हो गया; मैंने वहाँ उपस्थित अधिकारियों को धिक्कारते हुए कहा, "तुम लोग रात के दो बजे लोगों के घरों में घुसकर छापा मार रहे हो, आज तक किसी भी प्रशासन ने ऐसा नहीं किया।" मैंने एक बात साफ कर दी कि मेरा चाहे कुछ भी हो जाए, लेकिन अंग्रेज सेना और प्रशासन को इस गुस्ताखी की भारी कीमत चुकानी पड़ेगी। अधिकतर अधिकारियों को इस बात का बोध था कि अगर जोर-जबरदस्ती की गई तो खून-खराबा अवश्य होगा। उन्होंने तुरंत अनुनय-विनय आरंभ कर दी।

कुछ देर बाद माहौल शांत हुआ, तो मैं अपने कमरे में चला गया।

उसके इस दुस्साहस पर मैं अनियंत्रित हो गया। उसके इतना कहते ही मैंने दरवाजे पर पूरी ताकत से लात मारी। दरवाजा दो टुकड़ों में टूटकर बिखर गया। मैं उन टुकड़ों को हटाकर बाहर निकला और मैंने नायब तहसीलदार चंदन सिंह को उसके कॉलर से पकड़कर छज्जे से नीचे फेंक दिया।

अंदर प्रवेश करते ही मेरी पत्नी यह कहते हुए मेरे पैरों में गिर पड़ी कि पिस्तौल मुझे दे दो, मैंने कहा, "नहीं! यदि पिस्तौल पकड़ी गई, तो मुझ पर आर्म्स एक्ट की धारा लग सकती है।" वह मानी नहीं और उसे गाय-भैंस के पींडे (दुधारू पशुओं के लिए हरी पत्तियों और मोटे अनाज आदि को उबालकर बनाया गया आहार, जो उन्हें दूध दुहते समय खिलाया जाता है) में छुपाकर गौशाला की ओर चली गई। सुबह होने तक एकदम शांति रही। सुबह होते ही वे लोग श्यामा देवी की तलाश करने लगे, लेकिन वह पहले ही फरार हो चुकी थी। जिस समय मेरे घर में गोलीबारी चल रही थी, उसी समय मेरा दूधमुँहा बीमार बच्चा उस अफरा-तफरी में नजदीक के मंडुवे के खेतों की ओर दौड़ गया।

कप्तान रामप्रसाद नौटियाल के ग्राम कांडा, बीरोंखाल (गढ़वाल) स्थित पैतृक निवास का वह हिस्सा, जहाँ अंग्रेज सेना की गोलियाँ लगी थीं

बरसात से मंडुवे के खेत बुरी तरह भीगे हुए थे, सुबह तक परिवार वाले उसे ढूँढ़ने में ही लगे हुए थे। अब तक गाँव के कुछ-एक लोग भी पहुँच चुके थे। मैंने तैयार होकर ढोल-दमाऊ और रणसिंघा मँगवाया और

बाजे-गाजे के साथ विदाई ली ताकि परिवार वालों का दुःख कम हो सके। मैं दूधमुँहे बीमार बेटे और मरणासन्न बूढ़े पिता को छोड़कर विदा हुआ। गाँव के लोग मुझे दुनाव तक विदा करने आए, दुनाव पहुँचते ही मैंने उनको लौटाया और अंग्रेज अधिकारियों से कहा कि अब मेरे गाँव की सीमा समाप्त हो चुकी है, यहाँ तक तो मैं पैदल आ गया, लेकिन अब मैं पैदल नहीं जाऊँगा। दुनाव में एक घोड़ा और आठ नेपाली मजदूर पालकी लेकर खड़े थे, उनके साथ राजस्व विभाग का एक चपरासी भी था।

आनंद सिंह हवलदार मेजर ने कहा, "गुरुजी घोड़े में जाना पसंद करोगे या पालकी में?" मैं घोड़े पर सवार हो गया। पीछे से तहसीलदार आदि सभी लोग पैदल-पैदल चलने लगे। सुबह के साढ़े आठ बजे तक हम बीरोंखाल पहुँच गए। वहाँ 20-25 टैंट लगे थे। मुझे उन्हीं में से एक टैंट में अलग से बंद कर दिया गया और चारों तरफ कड़ा पहरा लगा दिया गया। मेरी गिरफ्तारी की खबर तुरंत फैल गई। दिन में मेरे लिए खाना डुमैला के कुँवर सिंह रावत के घर से आया और रात का खाना मुझे फौज की तरफ से खिलाया गया। अगले दिन बारी-बारी से कई सरकारी अधिकारी मेरे पास आए और मुझे कहा कि आप कांग्रेस छोड़ने की घोषणा कर दीजिए और रिहा होकर अपने बच्चे का इलाज करवाइए; हम आपको तुरंत जमानत दिला देंगे।

आनंद सिंह हवलदार मेजर ने कहा, "गुरुजी घोड़े में जाना पसंद करोगे या पालकी में?" मैं घोड़े पर सवार हो गया। पीछे से तहसीलदार आदि सभी लोग पैदल-पैदल चलने लगे। सुबह के साढ़े आठ बजे तक हम बीरोंखाल पहुँच गए। वहाँ 20-25 टैंट लगे थे।

मेरे लिए ऐसा सोचना भी असंभव था। मैंने उनको तुरंत फटकार दिया और कहा कि देश की आजादी के लिए एक तो क्या मैं अपने सौ

बच्चे भी न्योछावर करने के लिए तैयार हूँ। आपको मेरे पास इस तरह के बिकाऊ प्रस्ताव रखने पर शर्म आनी चाहिए।

उसी दिन शाम को मास्टर जगत सिंह, त्रिलोक सिंह ढंगा वाले, शंकर सिंह च्वरखिंड, बालम सिंह बिष्ट लोदली, ईश्वरदत्त, झबर सिंह, धूमसिंह को गिरफ्तार कर बीरोंखाल लाया गया। उन्हें प्राइमरी स्कूल में रखा गया। मुझे तन्हाई में ही रखा गया। अगले दिन सुबह-सुबह एक व्यक्ति कंधे पर अखरोट का थैला लटकाए हुए मेरे टैंट के आसपास घूम-घूमकर आवाज दे रहा था, "अखरोट ले लो! एक पैसे में दस अखरोट! अखरोट ले लो!" वह कुछ देर यूँ ही आवाज देते हुए घूमता रहा।

मेजर बचन सिंह यह सब ध्यान से देख रहे थे, वह बोले, "यह आपका आदमी लगता है, मिलना है तो मिल लो।" मैं आवाज से ही जान गया था कि वह अखरोट विक्रेता पातल गुजडू के बलवंत सिंह रावत हैं।

मेजर बचन सिंह यह सब ध्यान से देख रहे थे, वह बोले, "यह आपका आदमी लगता है, मिलना है तो मिल लो।" मैं आवाज से ही जान गया था कि वह अखरोट विक्रेता पातल गुजडू के बलवंत सिंह रावत हैं।

मैंने उन्हें बुलाया और एक रुपए में पूरे थैले का सौदा कर लिया। उस थैले में एक सिगरेट का पैकेट भी था, जिसके अंदर 5-5 के दो नोट और एक पर्ची थी। उस पर्ची में लिखा था, "अब हमें क्या करना है ?" मैंने पर्ची को फटाफट नष्ट किया और कुछ सोच-विचार करते हुए बलवंत सिंह से कहा, "कल से ठीक 5वें दिन मैं संगलाकोटी पहुँचूँगा, शंकर चरण वैद्य के पास मेरी एक पुस्तक है—'लाल-चीन', तुम उस पुस्तक को लेकर शाम ढलने से कुछ पहले संगलाकोटी पहुँच जाना, लेकिन वहाँ तभी आना जब तुम्हारे साथ थ्री-नॉट-थ्री राइफल चलाना

जानने वाले 15-20 लोग मौजूद हों और नारे लगाने वाले कम-से-कम 25-30 लोगों की भीड़ साथ में हो। मैंने आगे कहा कि मेरे साथ 50-60 सिपाही और कुछ आर्मी अफसर होंगे, मेरे ऊपर दो-तीन आदमियों का पहरा होगा, बाकी इधर-उधर रहेंगे। तुम लोग नारे लगाते हुए मेरे कमरे तक पहुँचोगे, पहरे से घिरे उस कमरे में सिपाहियों के हथियार और मैगजीन भी रखे होंगे। तुम लोगों को सबसे पहले उन सिपाहियों के ऊपर चादर डालकर हथियार छीनने हैं और फिर फायरिंग शुरू कर देनी है। जब तक किसी को कुछ समझ में आएगा और वह सामना करने के लिए तैयार होंगे, हम सब वहाँ से सुरक्षित निकल चुके होंगे।"

बलवंत सिंह ने सारी बातें ध्यान से सुनी, फिर मैंने उन्हें योजना तैयार करने के लिए भेज दिया। अगले दिन मुझे बीरोंखाल से चार मील दूर भरोलीखाल प्राइमरी स्कूल में ले जाया गया। गाँवों के लोग मुझसे मिलने आते रहे और साथ में ककड़ी, अखरोट आदि ढेर सारी भेंट लाते रहे, तीसरे दिन हम वहाँ से लगभग 5 मील दूर पांड पहुँचे और चौथे दिन जूनीसेरा। अंत में पाँचवें दिन शाम साढ़े चार बजे हम संगलाकोटी पहुँच गए। योजना के अनुसार, बलवंतसिंह भागसिंह, धूमसिंह, शीशराम भदूला, गणेशदत्त आदि कई लोग आए, लेकिन इनमें से सिर्फ 3 लोग ही थ्री-नॉट-थ्री राइफल चलाना जानते थे, जिससे वे मुझे स्वतंत्र नहीं करा सकते थे। वे सब अपनी जान

बलवंत सिंह ने सारी बातें ध्यान से सुनी, फिर मैंने उन्हें योजना तैयार करने के लिए भेज दिया। अगले दिन मुझे बीरोंखाल से चार मील दूर भरोलीखाल प्राइमरी स्कूल में ले जाया गया। गाँवों के लोग मुझसे मिलने आते रहे और साथ में ककड़ी, अखरोट आदि ढेर सारी भेंट लाते रहे, तीसरे दिन हम वहाँ से लगभग 5 मील दूर पांड पहुँचे और चौथे दिन जूनीसेरा। अंत में पाँचवें दिन शाम साढ़े चार बजे हम संगलाकोटी पहुँच गए।

हथेली पर लेकर मुझे स्वतंत्र कराने आए थे। वे मुझसे मिले, मैं सारी बातें समझ गया।

पूरा संख्या बल न होने के बाबजूद भी मैं अपने साथियों के इस जज्बे को देखकर भावुक हो गया। मैंने रुँधे हुए गले से कहा, "आप लोगों ने मेरा बड़ा साथ दिया, अनेक कष्ट सहे, भूखे प्यासे रहे, अपने परिवारों को भी दाँव पर लगा दिया।" सब बड़े उद्वेलित होने लगे। मैंने उन्हें हौसला देते हुए आगे कहा, "भले ही हमारे कई साथी गिरफ्तार हो चुके हैं, लेकिन इस हार में भी हमारी जीत है। यह आजादी की ओर हमारा एक और कदम है। हर संध्या के बाद भोर अवश्य होती है, एक दिन ऐसा जरूर आएगा जब हम कह सकेंगे कि हम आजाद हैं।"

अंत में, मैंने उन्हें कहा, "मेरा आखिरी 'वंदे मातरम्' स्वीकार करें और उत्साह एवं उमंग के साथ घर लौटें तथा बताए गए कार्यक्रम के अनुसार काम करें।" कार्यक्रम को लेकर मेरा संदेश था कि सभी साथियों को चार जत्थों में बाँट दें, हर जत्था अपने-अपने क्षेत्र में कार्य करता रहे और यदि गढ़वाल क्षेत्र में नेतृत्व नहीं मिलता, तो अल्मोड़ा, नैनीताल या बिजनौर जाकर भी काम करें; क्योंकि आसानी से गिरफ्तार हो जाना इस आंदोलन का उद्देश्य नहीं है। हमें गांधीजी का नारा 'करो या मरो' नहीं भूलना है।

कार्यक्रम को लेकर मेरा संदेश था कि सभी साथियों को चार जत्थों में बाँट दें, हर जत्था अपने-अपने क्षेत्र में कार्य करता रहे और यदि गढ़वाल क्षेत्र में नेतृत्व नहीं मिलता, तो अल्मोड़ा, नैनीताल या बिजनौर जाकर भी काम करें; क्योंकि आसानी से गिरफ्तार हो जाना इस आंदोलन का उद्देश्य नहीं है। हमें गांधीजी का नारा 'करो या मरो' नहीं भूलना है।

वे लोग उसी समय लौट गए। बाद में मुझे बताया गया कि वे रात

के नौ बजे तक घंडियाल निवासी लालमणी वैद्य के पास सुरक्षित पहुँच गए थे।

संगलाकोटी से हम प्रात: साढ़े सात बजे चले और 2 बजे रैतपुर पहुँचे, यहाँ चिंतामणि बलोधी, हरकसिंह चौहान, विजय सिंह चौहान, चित्रसिंह चौहान, कीर्तिराम भारद्वाज, नारायण सिंह चौहान, केसर सिंह पंवार आदि बहुत से साथी मिले। मास्टर जगत सिंह, शंकर सिंह रावत, त्रिलोक सिंह बालम सिंह आदि साथी मेरे साथ ही थे, दूसरे दिन 11 बजे हम जयहरीखाल स्कूल पहुँचे। कानूनगो रेवती नंदन बहुगुणा और पचास सैनिकों के साथ कैप्टन थॉमस हमारे साथ चल रहे थे। जयहरीखाल स्कूल के निकट पहुँचते ही हमने 'वंदे मातरम्' के जयघोष के साथ आजादी के नारे लगाने शुरू कर दिए। स्कूल के छात्र-छात्राएँ और अन्य लोग इकट्ठा हो गए। मैंने, युवाओं और अन्य लोगों को संबोधित करते हुए 15-20 मिनट तक पूरे जोश-खरोश के साथ भाषण दिया और कहा कि हमें मैकाले द्वारा निर्धारित की गई शिक्षा दी जाती है, जो हमारी स्वतंत्रता में बाधक है। हमें ऐसी शिक्षा व्यवस्था को उखाड़कर फेंक देना चाहिए, जो हमारी गुलामी का कारण बने।

संगलाकोटी से हम प्रात: साढ़े सात बजे चले और 2 बजे रैतपुर पहुँचे, यहाँ चिंतामणि बलोधी, हरकसिंह चौहान, विजय सिंह चौहान, चित्रसिंह चौहान, कीर्तिराम भारद्वाज, नारायण सिंह चौहान, केसर सिंह पंवार आदि बहुत से साथी मिले। मास्टर जगत सिंह, शंकर सिंह रावत, त्रिलोक सिंह बालम सिंह आदि साथी मेरे साथ ही थे, दूसरे दिन 11 बजे हम जयहरीखाल स्कूल पहुँचे।

यहाँ से आगे हम एक गिरजे के पास पहुँचे, हमें डिस्ट्रिक्ट बोर्ड के

डाक–बँगले से होते हुए अदालत ले जाया गया। मैं घोड़े से नहीं उतरा तो लेफ्टिनेंट प्रतापसिंह ने पी.डब्ल्यू.डी. बँगले में बैठे डिप्टी कमिश्नर मि. वर्नीड को सूचना दी। वह बाहर निकला और मुझे हिरासत में देखकर वह इतना खुश हुआ कि खुशी के मारे दोनों हाथ ऊपर उठाकर नाचने लगा। वह नाचते–नाचते बोला, "इस बार बड़ी मछली हाथ लगी है।"

उसके इस भौंडे नाच और बयान से कुपित होकर मैं घोड़े पर ही उछलकर बोला, "कीप क्वाइट! यू!" देखते ही देखते वहाँ काफी भीड़ खड़ी हो गई, लोग मुझसे मिलने लगे। भीड़ बढ़ती देखकर अंदर से हुक्म आया कि इन्हें थाने ले जाओ। मुझे और अन्य साथियों को हवालात में बंद कर दिया गया। मैं हवालात के दरवाजे पर खड़ा होकर बोला, "बड़ा शोर सुनते थे पहलू में दिल का, जो चीरा तो इक कतरा–ए–खूँ न निकला।"

उसके इस भौंडे नाच और बयान से कुपित होकर मैं घोड़े पर ही उछलकर बोला, "कीप क्वाइट! यू!" देखते ही देखते वहाँ काफी भीड़ खड़ी हो गई, लोग मुझसे मिलने लगे। भीड़ बढ़ती देखकर अंदर से हुक्म आया कि इन्हें थाने ले जाओ। मुझे और अन्य साथियों को हवालात में बंद कर दिया गया।

डी.एस.पी. औतार सिंह को गढ़वाल में हो रहे आंदोलन को दबाने के लिए स्पेशल पुलिस सुप्रिंटेंडेंट बनाया गया था। उसने कहा, "सारे गढ़वाल में आपने बड़ा तहलका मचा रखा है। इस कारण सरकार का लाखों रुपया बरबाद हुआ है।"

मैंने तपाक से जवाब दिया, "चलो सरकार का नुकसान हुआ सो हुआ, लेकिन इस बहाने हमारी वजह से बुढ़ापे में आपकी नौकरी का इंतजाम हो गया। इस खुशी में दावत दीजिए।" वह खिसियाकर चला गया।

शाम को एस.डी.एम. अंबादत्त पंत ने मुझे अपने ऑफिस में बुलाया, बोले, "खतरे में कैसे पड़ गए?"

मैंने कहा, "समय-समय की बात है।" तभी डी.एस.पी. औतार सिंह पहुँचे और चार्जशीट सुनानी शुरू कर दी।

अंत में वह बोले, "तुम्हारी हरकतों से सरकार का एक लाख चौरासी हजार रुपया, फौज भेजने में खर्च हुआ है। अगर तुम्हें गिरफ्तार नहीं किया जाता तो कई लोगों की जान भी जा सकती थी। तुमने सरकार के खिलाफ हजारों लोगों को गुमराह किया, तुम बताओ कि तुमने ऐसा क्यों किया?"

मैंने कहा, "यदि डी.सी. वर्नीड यहाँ होते तो जवाब देता, फिर भी अगर आपको मि. वर्नीड से बताना हो तो कह देना कि कप्तान नौटियाल कह रहे थे कि मैं अपने आप को ब्रिटिश सिटिजन नहीं मानता और मैं ब्रिटिश न्याय प्रक्रिया का हिस्सा नहीं बनूँगा।"

अगले दिन फौज की स्टाफ कार मँगाई गई। हम यहाँ से 11.30 बजे रवाना होकर लगभग 1 बजे कोटद्वार पहुँचे। कोटद्वार से हमें ट्रेन में मुरादाबाद जिला जेल ले जाया गया और वहाँ से एक महीने के बाद बरेली सेंट्रल जेल भेज दिया गया। मेरे सभी साथी लैंसडौन में ही रोक दिए गए थे। उन पर वहीं पर मुकदमे चलाए गए, जबकि मेरे बयान लेने के लिए स्पेशल मजिस्ट्रेट कुंदन सिंह मल्ल, डी.एस.पी. औतार सिंह और इंसपेक्टर कर्णसिंह को बरेली आना पड़ता था। बरेली जेल में पहले मैं, रफी अहमद किदवई, महावीर त्यागी

अगले दिन फौज की स्टाफ कार मँगाई गई। हम यहाँ से 11.30 बजे रवाना होकर लगभग 1 बजे कोटद्वार पहुँचे। कोटद्वार से हमें ट्रेन में मुरादाबाद जिला जेल ले जाया गया और वहाँ से एक महीने के बाद बरेली सेंट्रल जेल भेज दिया गया। मेरे सभी साथी लैंसडौन में ही रोक दिए गए थे।

और कृष्णदत्त पालीवाल के साथ बंद रहा। बाद में विद्रोह के डर से मुझे तन्हाई में भेज दिया गया।

मैंने जेल सुप्रिटेंडेंट से पूछा कि "मुझे अलग कोठरी में तन्हाई में रखने का क्या कारण है। उन्होंने जवाब दिया कि शासन द्वारा आपको द्वितीय विश्वयुद्ध की समाप्ति तक नजरबंद रखने का आदेश जारी हुआ है। आप इस युद्ध के समाप्त होने से पहले नहीं छूट सकते।"

14 जुलाई, 1945 तक मैं बरेली सेंट्रल जेल में बंद रहा। इसी 14 तारीख को महावीर त्यागी भी रिहा हुए, जबकि रफी अहमद किदवई एक दिन बाद 15 जुलाई को छूटे। बरेली सेंट्रल जेल से छूटने के बाद मैं राष्ट्रीय होटल दुगड्डा पहुँचा, तो देखा कि वहाँ की सारी चीजें गायब थीं। पुलिस सारा ताम-झाम उठाकर ले गई थी और होटल के मैनेज़र भीम सिंह रावत को जेल भेज दिया गया था। सबकुछ बिखर चुका था और मुझे सबकुछ पुनः सृजित करना था। इसी संकल्प के साथ मैं अपने गाँव के लिए रवाना हुआ। रास्ते में बिठुर गाँव के सदानंदजी के परिवार से मिलने गया। अपनी संवेदनाएँ प्रकट कीं और इसके बाद चित्र सिंह चौहान, नारायण सिंह चौहान के गाँव अंगणी बिचला बदलपुर पहुँचा, वहाँ से होते हुए ठाड-मंज्याड़ी के सीताराम बलोधीजी के घर पर रुका। उस समय मेरे पास मेरी जमापूँजी सिर्फ एक जोड़ी कपड़े थे, जो मेरे बदन पर ही थे। यह देखकर बलोधीजी ने मुझे वहीं रोककर एक आदमी दुगड्डा भेजा और मेरे लिए कपड़े सिलवाकर मँगवाए। मैं उन

14 जुलाई, 1945 तक मैं बरेली सेंट्रल जेल में बंद रहा। इसी 14 तारीख को महावीर त्यागी भी रिहा हुए, जबकि रफी अहमद किदवई एक दिन बाद 15 जुलाई को छूटे। बरेली सेंट्रल जेल से छूटने के बाद मैं राष्ट्रीय होटल दुगड्डा पहुँचा, तो देखा कि वहाँ की सारी चीजें गायब थीं।

कपड़ों को पहनकर अपने गाँव की ओर आगे बढ़ गया।

मेरे आने की खबर सुनते ही गाँव के लोग बाजे–गाजे के साथ मुझे लेने पहुँचे। मेरे जेल में रहते मेरे आठ वर्षीय बेटे और मेरे पिताजी का देहांत हो चुका था। मेरी माताजी और पत्नी उनका जिक्र करके रोने लगीं, मुझे भी बहुत वेदना हुई। छोटे भाई बलीराम को मैं पहले ही खो चुका था, सबसे छोटा काशीराम अब किसी प्राइवेट नौकरी पर था। पिताजी की पुरोहिताई और काशी की थोड़ा–बहुत आय से ही घर का खर्च चल पाता था। पिताजी के गुजर जाने के बाद मेरा पूरा परिवार एकदम अनाथ हो गया। काशी छुट्टी पर आया तो मैंने उससे कहा कि मैं अपनी लड़ाई नहीं छोड़ सकता और घर परिवार को भी इस प्रकार अनाथ नहीं छोड़ा जा सकता। काशी मेरे संघर्ष से इत्तेफाक रखता था, अतः अंत में उसे हाल ही में लगी अपनी दूसरी नौकरी भी छोड़नी पड़ी और पिताजी से विरासत में मिली पुरोहिताई तथा खेती का जिम्मा उसने अपने ऊपर लेकर मुझे एक बड़ी जद्दोजहद से मुक्त कर दिया। मैं पुनः पूरे मनोयोग से अपनी जंग में लग गया।

रफी अहमद किदवई के सम्मान में भारत सरकार द्वारा जारी किया गया डाक टिकिट

स्वतंत्रता सेनानी महावीर त्यागी

दोनों तसवीरें साभार : इंटरनेट मीडिया

गढ़वाल में अकाल

कुछ दिन कांड़ा में रुकने के बाद मैं गुजडू पट्टी की ओर चला

गया। उन दिनों गौचर मेला सत्याग्रह सम्मेलन का प्रतीक था। इस मेले में हम हर वर्ष बड़े-बड़े कैंप लगाते थे। इसमें गढ़वाल और कुमाऊँ के शीर्षस्थ नेता शामिल होते थे। मेले में उपस्थित जनता को आजादी के लक्ष्य से अवगत कराया जाता था और उन्हें इस आंदोलन से जुड़ने के लिए प्रेरित किया जाता था। वर्ष 1945 के गोचर मेले में मैं अपने साथ गाजे-बाजे और रणसिंघा सहित 50-60 लोगों को लेकर गया। डुमैला से गंगोसैंण चोपड़ाकोट होते हुए शंकरदत्त भट्ट के गाँव गडोली पहुँचा, यहाँ से हम 90 आदमी चले और पैठाणी में पंचम सिंह गोसांई के घर पर पड़ाव डाला, फिर धनपुर में जीवा चौधरी और सिडोली कांडई में देवानंद थोकदार ने हमारी आवभगत की, यहाँ से श्रीकोट, डाक-बँगला होते हुए पनाई गोचर पहुँचे, नारायण दत्त बहुगुणा, पातीराम शैली, महीधर डिमरी, विजयराम डिमरी, सदानंद वकील, रामकृष्ण वैष्णव वकील, सूबेदार बहादुर बड़थ्वाल, हरीसिंह, बख्तावर सिंह आदि ने मेले का प्रबंधन किया।

मेले में कुमाऊँ केशरी बद्रीदत्त पांडेय सहित अन्य कई गणमान्य व्यक्तियों ने ओजस्वी भाषण दिए। यह मेला 7 दिनों तक चला। अनुसूया प्रसाद बहुगुणा, डॉ. कातिचंद उनियाल, विक्टर मोहन जोशी, जितार सिंह, गंगा सिंह ब्रह्मचारी और ज्ञानानंदजी को श्रद्धांजलि दी गई।

मेले में कुमाऊँ केशरी बद्रीदत्त पांडेय सहित अन्य कई गणमान्य व्यक्तियों ने ओजस्वी भाषण दिए। यह मेला 7 दिनों तक चला। अनुसूया प्रसाद बहुगुणा, डॉ. कातिचंद उनियाल, विक्टर मोहन जोशी, जितार सिंह, गंगा सिंह ब्रह्मचारी और ज्ञानानंदजी को श्रद्धांजलि दी गई। हमारे ये कैंप न केवल आजादी की अलख जगाने के लिए होते थे, बल्कि इनमें सामाजिक और आर्थिक समस्याओं का भी उल्लेख और विश्लेषण किया जाता था। हमने लोगों को शारीरिक, बौद्धिक और आध्यात्मिक प्रशिक्षण

देने के लिए विशेषज्ञों की सेवाएँ भी लीं। अपने साथियों जयानंद भारतीय, बलदेव आर्य आदि को साथ लेकर दलित उद्धार के उद्देश्य से डोला-पालकी, छुआछूत उन्मूलन आदि को भी अपने कार्यक्रमों का अभिन्न अंग बनाया और इन कुरीतियों को लेकर जनजागरण किया। हमें इसके शानदार परिणाम दिखने शुरू हुए। कौमी सेना द्वारा इसी प्रकार का एक कैंप जड़ाऊखांद, धुमाकोट में भी आयोजित किया गया। यह कैंप पंद्रह दिन तक चला। रात में नाटकों और लोकगीतों का मंचन किया जाता था और दिन में सभाएँ आयोजित की जाती थीं।

इसके बाद देघाट, अल्मोड़ा में हरगोविंद पंत के नेतृत्व में विशाल राजनीतिक सम्मेलन आयोजित किया गया। इस सम्मेलन का प्रचार स्वयं चंद्रसिंह 'गढ़वाली' ने गाँव-गाँव जाकर किया, टिहरी से महान् क्रांतिकारी नागेंद्र दत्त सकलानी (जो बाद में 11 जनवरी, 1948 को टिहरी के प्रजा-मंडल आंदोलन के दौरान गोलीबारी में मारे गए) भी उनके साथ रहे।

इसके बाद देघाट, अल्मोड़ा में हरगोविंद पंत के नेतृत्व में विशाल राजनीतिक सम्मेलन आयोजित किया गया। इस सम्मेलन का प्रचार स्वयं चंद्रसिंह 'गढ़वाली' ने गाँव-गाँव जाकर किया, टिहरी से महान् क्रांतिकारी नागेंद्र दत्त सकलानी (जो बाद में 11 जनवरी, 1948 को टिहरी के प्रजा-मंडल आंदोलन के दौरान गोलीबारी में मारे गए) भी उनके साथ रहे। इसी तर्ज पर हमने भौन इडियाकोट में एक राजनीतिक सम्मेलन किया, जिसमें सैकड़ों लोगों ने भाग लिया, फिर मैं उदयपुर में छवाणसिंह नेगी के पास कोल्सी पहुँचा। पहले यहाँ सम्मेलन के लिए जमीन तैयार की और फिर जगमोहन सिंह नेगी की अध्यक्षता में विशाल सम्मेलन हुआ।

लैंसडौन पर कब्जा करने की योजना के असफल हो जाने के बाद

सैकड़ों गिरफ्तारियाँ हुईं, जिसके कारण हमारा आंदोलन कुछ दिन शिथिल रहा, किंतु उपर्युक्त सम्मेलनों ने जनता में पुनः ऊर्जा का संचार कर दिया। लोग मेले, कौथीग, पुजाई आदि आयोजित करके, इन सब कार्यक्रमों के माध्यम से पुनः अंग्रेज प्रशासन के विरोध का मार्ग तलाशने लगे। तमाम अत्याचार सहने के बावजूद भी पहाड़ की जनता का दुर्दमनीय साहस देखकर अंग्रेज सत्ता बौखला गई। पूर्व में वह हमें तोड़ने के लिए जातिवाद का पासा फेंक चुकी थी जिसमें वह बुरी तरह असफल रही थी। इस बार उसने और भी भीषण और अमानवीय रास्ता चुना।

वर्ष 1946 की बात है, उस साल पहाड़ को भीषण अकाल झेलना पड़ा। इससे बचा जा सकता था, यह किसी प्राकृतिक घटना से उपजा अकाल नहीं था, बल्कि जान-बूझकर थोपा गया अकाल था। इस बीच दुगड्डा में नरदेव शास्त्री, बद्रीदत्त पांडेय, गोविंद बल्लभ पंत, काशीपुर नरेश कुँवर आनंद सिंह आदि की उपस्थिति में एक सम्मेलन आयोजित किया गया, इसमें हजारों लोग जुट गए।

वर्ष 1946 की बात है, उस साल पहाड़ को भीषण अकाल झेलना पड़ा। इससे बचा जा सकता था, यह किसी प्राकृतिक घटना से उपजा अकाल नहीं था, बल्कि जान-बूझकर थोपा गया अकाल था। इस बीच दुगड्डा में नरदेव शास्त्री, बद्रीदत्त पांडेय, गोविंद बल्लभ पंत, काशीपुर नरेश कुँवर आनंद सिंह आदि की उपस्थिति में एक सम्मेलन आयोजित किया गया, इसमें हजारों लोग जुट गए। इस अवसर पर तमाम बातों के साथ-साथ अकाल की स्थिति पर भी चिंता प्रकट की गई और इससे निपटने पर विचार किया गया। सम्मेलन में निश्चय किया गया कि लैंसडौन, पौड़ी और चमोली तहसीलों में सरकारी गल्ले की सोसाइटियाँ कायम की जाएँ। इसके लिए सबसे पहले इलाके के हाकिम (एस.डी.एम.) उत्साही और चरित्रवान अधिकारी ध्यानपाल

सिंह से गुजारिश की गई कि वह लैंसडौन तहसील में कुछ सोसाइटियाँ बनाने में हमारा सहयोग करें। एस.डी.एम. ध्यानपाल सिंह के सहयोग से 52 सोसाइटियाँ बनाई गईं। इन सोसाइटियों को चलाने के लिए हमने स्वयंसेवकों को अवैतनिक सेवा करने के लिए तैयार किया। सबसे पहले अधारियाखाल सोसाइटी को अवैतनिक सेवा से चलाने के लिए सीताराम बलोधी ग्राम ठाड-मंज्याडी और हीरामणी शास्त्री ग्राम बुलेखा तैयार हुए। इसके बाद सभी बावन (52) सोसाइटियों का भी संचालन हमारे कार्यकर्ताओं द्वारा किया गया। इन सोसाइटियों में 3,000 रुपए से लेकर 12,000 रुपए तक की पूँजी थी, जिसमें जनता के शेयर थे।

पूँजी, सामान और व्यापार को दुरुस्त करने के बाद अब समस्या यह थी कि पहाड़ के मुहाने पर स्थित बाजारों से दूरस्थ इलाकों में सामान कैसे पहुँचाया जाए। दुगड्डा से पहाड़ के गाँवों की ओर सामान ले जाने के लिए खच्चर (घोड़े) आसानी से नहीं मिलते थे। व्यापारियों की साँठ-गाँठ के चलते घोड़े, खच्चर वाले रात को ही उनका माल लेकर चल देते थे और सोसाइटियों का सामान वैसे ही पड़ा रह जाता था। इस समस्या से निपटने के लिए हम इलाका हाकिम ध्यानपाल सिंह के सहयोग से राशन इंसपेक्टर के साथ मिलकर धोखाधड़ी करने वाले घोड़े-खच्चर वालों को पकड़ने का काम करने लगे।

पूँजी, सामान और व्यापार को दुरुस्त करने के बाद अब समस्या यह थी कि पहाड़ के मुहाने पर स्थित बाजारों से दूरस्थ इलाकों में सामान कैसे पहुँचाया जाए। दुगड्डा से पहाड़ के गाँवों की ओर सामान ले जाने के लिए खच्चर (घोड़े) आसानी से नहीं मिलते थे।

राशन इंसपेक्टर को सूचना देने के लिए कुछ स्वयंसेवक रात-रात भर अलग-अलग जगहों पर खड़े रहते थे। दिन में इनका ठिकाना राष्ट्रीय

होटल दुगड्डा होता था। दूर पहाड़ी गाँवों में अपनी दुकानें लगाकर सरकारी सामाग्री वितरित करने वालों में चंद्रसिंह विजोंली, जयसिंह ढौंरी, नारायण सिंह, जीतराम, सुदामालाल सुयाल, सीताराम बलोधी, मणीराम, केसरसिंह, चितर सिंह चौहान, नारायण सिंह चौहान, हरक सिह, विशनचंद्र लखेड़ा, खुशालमणी ध्यानी, श्रीराम भारद्वाज, लीलानंद लखेड़ा आदि कई लोग थे। इन सबके सहयोग से हम अकाल की भीषणता को कम करने में सफल रहे।

अकाल पर हर संभव नियंत्रण करने के पश्चात् हमने सभी सोसाइटियों का एक डिस्ट्रिक्ट फैडरेशन स्थापित करने के संबंध में विचार करने हेतु दुगड्डा में एक बैठक आयोजित की। इसमें प्रत्येक सोसाइटी से 500 रुपए का शेयर खरीदने के लिए कहा गया। अकेले पूर्वी लैंसडौन क्षेत्र की सोसाइटियों से ही डिस्ट्रिक्ट फैडरेशन में 14,000 रुपए जमा हो गए। अन्य इलाकों से भी इन सोसाइटियों ने हजारों रुपए के शेयर खरीदे। अंत में, कोटद्धार जिला फैडरेशन के भवन के निर्माण के लिए जमीन खरीदी गई। इस जिला फैडरेशन के पहले मंत्री ललिता प्रसाद नैथानी बने, इसके बाद पीतांबर दत्त पसबोला मंत्री बनाए गए, पसबोला ने रायबहादुरी का त्याग कर दिया और कांग्रेस में शामिल हो गए। फैडरेशन ने नमक व चीनी के व्यापार पर एकाधिकार प्राप्त कर लिया। बाद में, इसे जड़ी-बूटी खरीद और बिक्री का एकाधिकार भी

अकाल पर हर संभव नियंत्रण करने के पश्चात् हमने सभी सोसाइटियों का एक डिस्ट्रिक्ट फैडरेशन स्थापित करने के संबंध में विचार करने हेतु दुगड्डा में एक बैठक आयोजित की। इसमें प्रत्येक सोसाइटी से 500 रुपए का शेयर खरीदने के लिए कहा गया। अकेले पूर्वी लैंसडौन क्षेत्र की सोसाइटियों से ही डिस्ट्रिक्ट फैडरेशन में 14,000 रुपए जमा हो गए।

प्राप्त हो गया। पौड़ी और चमोली में भी तहसील स्तर पर इसी प्रकार के फैडरेशन बनाए गए।

तमाम राजनीतिक और सामाजिक संघर्षों के बाद, आखिर 15 अगस्त, 1947 को वह सुबह आ गई, जिसकी प्रतीक्षा में हजारों क्रांतिकारियों ने बलिदान दिए, लाखों लोग जेलों में रहे और करोड़ों लोगों ने विभिन्न प्रकार की यातनाएँ सहीं। 15 अगस्त के उस पावन दिन को मैं इडियाकोट में था। हम कठोलिया महादेव पहुँचे और जनता की भारी भीड़ के बीच वंदे मातरम् के जयघोष के साथ राष्ट्रीय ध्वज फहराया, किल्बोखाल और कल्वाड़ी के विद्यालयों के छात्रों सहित एक हजार से अधिक लोगों के जयकारों से डांडे-कांठे (पहाड़) गूँज उठे।

देश स्वतंत्र हो चुका था, किंतु वह लहूलुहान था। उसे उपचार की आवश्यकता थी। सभी स्वतंत्रता सेनानियों ने अपनी-अपनी योग्यता के अनुरूप स्वयं ही अनेक प्रकार के उत्तरदायित्व स्वीकार किए। मुझे सैन्य गतिविधियों का अनुभव प्राप्त था। डॉ. हरगोविंद पंत के सुझाव से मैं प्रांतीय रक्षक दल का जिला आर्गनाइजर बना।

पुनर्निर्माण

देश स्वतंत्र हो चुका था, किंतु वह लहूलुहान था। उसे उपचार की आवश्यकता थी। सभी स्वतंत्रता सेनानियों ने अपनी-अपनी योग्यता के अनुरूप स्वयं ही अनेक प्रकार के उत्तरदायित्व स्वीकार किए। मुझे सैन्य गतिविधियों का अनुभव प्राप्त था। डॉ. हरगोविंद पंत के सुझाव से मैं प्रांतीय रक्षक दल का जिला आर्गनाइजर बना। मेरे नियंत्रण के अधीन 36 थाने खोले गए, इनमें से प्रत्येक थाने में एक आर्गेनाइजर और एक

इंसपेक्टर नियुक्त किया गया। इसमें आजाद हिंद फौज के रिटायर फौजी शामिल किए गए। सूबेदार गोविंद सिंह बिष्ट जिला इंसपेक्टर थे, हमारे पास 460 राइफलें, आठ मशीनगनें, 50,000 कारतूस थे। इसके अलावा सरकार ने हमें जिला स्तर पर एक पिकअप वैन दी थी।

इसके बाद, मुझे नीति–माणा सीमांतवासियों को ट्रेनिंग देने का आदेश मिला, मैंने 600 आदमियों को राइफल चलाने की ट्रेनिंग दी, आगे शासन की ओर से मेरे लिए आदेश आया कि कुछ फौजी अधिकारियों का एक मिशन मैकमोहन लाइन देखने के लिए जौलजीवी होते हुए मानसरोवर जा रहा है और मुझे उसके गाइड के रूप में कार्य करना है। 24 सितंबर, 1949 को मैं नैनीताल पहुँचा। मिशन के लेफ्टिनेंट कर्नल थापा, डी.आई.जी. सेंट्रल जी.पी.राव, आर.पी. आयंगर, मेजर सोमप्रकाश, कैप्टन माथुर, एस.के. आनंद आदि लोगों के साथ हमने लगभग डेढ़ महीने तक कैलाश मानसरोवर का भ्रमण किया। अपना काम समाप्त करके हम 11 नवंबर, 1949 को नैनीताल लौटे।

> ***14 नवंबर को तीन बजे हम चमोली पहुँचे। जोशीमठ में बद्रीनाथ समिति के सेक्रेटरी पुरुषोत्तम बग्वाड़ी के पास रुके और यहाँ से हनुमान चट्टी होते हुए हम 4 बजकर 55 मिनट पर श्री बद्रीनाथ मंदिर के द्वार पर पहुँच गए। यहाँ से अगले दिन हमें माणा जाना था। चारों ओर बर्फ बिछी थी, हमारे पास कोई आधुनिक उपकरण नहीं थे, चलना मुश्किल था।***

14 नवंबर को तीन बजे हम चमोली पहुँचे। जोशीमठ में बद्रीनाथ समिति के सेक्रेटरी पुरुषोत्तम बग्वाड़ी के पास रुके और यहाँ से हनुमान चट्टी होते हुए हम 4 बजकर 55 मिनट पर श्री बद्रीनाथ मंदिर के द्वार पर पहुँच गए। यहाँ से अगले दिन हमें माणा जाना था।

चारों ओर बर्फ बिछी थी, हमारे पास कोई आधुनिक उपकरण नहीं थे, चलना मुश्किल था। हम आगे चार किलोमीटर दूर पोंगू तक गए। रात में अत्यधिक हिमपात के कारण ठंड बेतहाशा बढ़ गई। हमारे पास 16 पौंड वजन के टैंट थे, जिनमें घुटने जोड़कर लेटने पर भी केवल दो व्यक्ति ही रह सकते थे, बैटरी-हीटर ने काम करना बंद कर दिया था। हिमपात इतना भयंकर था कि बर्फ में आगे बढ़ने के लिए मार्ग नहीं दिखाई दिया। हमने अपना अभियान जारी रखने का निर्णय लिया और आगे बढ़ने लगे।

भयानक आँधी तूफान के साथ बड़े-बड़े हिमखंड गिरने लगे तो हमें लौटना पड़ा। अगले दिन हम बद्रीनाथ लौट गए। तप्त कुंड में स्नान करने के पश्चात् महारानी नेपाल की धर्मशाला में रुके। वहाँ से पुनः जोशीमठ, फिर तपोवन और जुम्मा घनश्याली होते हुए नीति पहुँचे। यहाँ अभियान समाप्त करके मैं टीम को नजीबाबाद में ट्रेन से विदा कर वापस पी.आर.डी. पौड़ी लौट गया। कुछ दिन बाद मुझे उत्तर प्रदेश सरकार ने पुलिस ट्रेनिंग सेंटर मुरादाबाद के प्रिंसिपल को रिपोर्ट करने का आदेश दिया। मैं 13 दिसंबर को मुरादाबाद पहुँचा, उन्होंने मुझे डी.एस.पी. ट्रेनिंग बैरेक में भेज दिया। इस बीच कैलाश-मानसरोवर वाली टीम ने अपनी सिफारिश भेज दी, जिसके अनुसार मुझे बॉर्डर ऑफिसर के पद नियुक्त कर जोशीमठ भेज दिया गया। वहाँ मेरी नियुक्ति 9वीं बटालियन पी.ए.सी. में हो गई। लगभग दो वर्ष तक मैं जोशीमठ में बॉर्डर ऑफिसर के पद पर रहा।

□

15

पंतजी की 'न'

वर्ष 1952 में देश में आम चुनावों की घोषणा हुई। साथ में तमाम राज्यों के विधानसभा चुनाव भी होने थे। मैं विधानसभा चुनाव में भाग लेने की इच्छा से लखनऊ में पं. गोविंद बल्लभ पंत के पास पहुँचा। पंतजी मुझे अपने परिवार के सदस्य की तरह स्नेह करते थे। मैं उनके पास बैठा। उन्होंने कुशल-क्षेम पूछी और कहा, "कैसे आना हुआ?"

मैंने उत्तर दिया, "मैं नौकरी नहीं करना चाहता, जनता के बीच का आदमी हूँ, जनता के बीच रहना चाहता हूँ।"

वे तमककर बोले, **"तुम समझते नहीं कि तुम क्या हो? तुम लोहा हो, वक्त पड़ने पर तुम्हारा सब्बल, कूटा बनेगा और उससे निर्माण का कार्य होगा, जरूरत पड़ने पर तुम्हारी बंदूक बनाई जाएगी, जो दुश्मन की छाती पर दागी जाएगी। जाओ बॉर्डर सँभालो।"**

मैं पंतजी से असहमत था, किंतु उनका सम्मान करता था और इसलिए उन पर अत्यधिक दबाव नहीं डाल सकता था। अतः इस विषय पर उनसे और अधिक चर्चा करना महत्त्वहीन था। मैं पंतजी के सेक्रेटरी सी.डी. पांडेय के पास गया, उन्होंने भी वही बात दोहरा दी, जो पंतजी ने कही थी। अंत में, मैं एक फार्म भरकर 100 रुपए की राशि के साथ उसे कांग्रेस कमेटी के दफ्तर में दे आया। लखनऊ से लौटते

वक्त मैंने वरिष्ठ सत्याग्रहियों चंद्रभान गुप्ता, रफी अहमद किदवई, जगनप्रसाद रावत, कृष्ण दत्त पालीवाल आदि से भेंट की और पौड़ी होते हुए जोशीमठ लौट गया। वहाँ मिस्टर वर्मा को कार्यभार सौंपकर 4 महीने की छुट्टी का आवेदन दिया और अपना सामान लेकर पुनः पौड़ी आ गया।

□

16

नेहरूजी और मैं

कांग्रेस कमेटी में मैंने जो आवेदन दिया था, उसके परिणामस्वरूप कुछ दिन बाद मुझे दिल्ली बुलाया गया। जवाहरलाल नेहरू, गोविंद बल्लभ पंत आदि शीर्ष नेतागण उपस्थित थे। स्वतंत्रता आंदोलन के दौरान नेहरूजी कई बार गढ़वाल-कुमाऊँ के दौरे पर आए थे और हमने उनके मार्गदर्शन से कई जन-जागरण कार्यक्रम आयोजित किए थे। कुछ-एक बार हमने उन्हें पालकी पर बैठाकर पूरे गढ़वाल-कुमायूँ का भ्रमण करवाया था। मुझे याद है पालकी ढोते-ढोते मेरे साथी विक्टर मोहन जोशी के कंधे तक सूज गए थे और वर्ष 1938 में जवाहरलाल नेहरू के गढ़वाल भ्रमण के दौरान पाटीसैण में मैंने एक भव्य स्वागत सभा का संचालन और संयोजन किया था, जिसमें हजारों लोग जमा हो गए थे। श्रीनगर में भी इसी प्रकार की एक भव्य जनसभा हुई।

वह मुझे भूले नहीं थे, मुसकराते हुए बोले, "कप्तान साहब! कैसे आए हो?"

मैंने बिना समय गँवाते हुए जवाब दिया, "टिकट के लिए आया हूँ।"

नेहरूजी ने पंतजी की ओर देखा और कहा, "पंतजी नहीं मानते।" मैंने कुछ प्रत्युतर नहीं दिया। मैं अपनी बात रख चुका था। तत्पश्चात्, सीमांकन इत्यादि पर संक्षिप्त चर्चा के बाद मैं यथावत् लौट गया। अंत

में, मुझे पूर्वी लैंसडौन विधानसभा क्षेत्र से प्रत्याशी घोषित कर दिया गया।

मैंने वर्षों तक लैंसडौन क्षेत्र का एक-एक गाँव एक-एक घर देखा था। मैं वहाँ की भौगोलिक परिस्थितियें और आम जनजीवन की कठिनाइयों से बचपन से परिचित था। कुछ वर्ष पूर्व ही अकाल पड़ने पर हमें जनता तक राशन-पानी पहुँचाने में कितनी और क्या-क्या समस्याएँ आईं, मुझे इन सबका प्रत्यक्ष अनुभव था। आम आदमी का अधिकतर जीवन ढांकर (मीलों पैदल सामान लाना—ले जाना) करने में बीत जाता था। लोग उस समय दुगड्डा, मर्चुला तक पैदल आवागमन करते थे।

□

17

सड़क, पानी और स्कूल

वर्ष 1952 में देश के प्रथम चुनाव समर में 9,000 मतों के अंतर से जीत दर्ज कर विधानसभा पहुँचने के बाद मैंने सबसे पहले मोटर-मार्गों के निर्माण को प्राथमिकता दी। रामनगर-मर्चुला-बीरोंखाल-थलीसैंण मोटरमार्ग का प्रस्ताव तैयार किया। उसके बाद सतपुली-बैजरो मोटरमार्ग और डेरियाखाल-रिखणीखाल-बीरोंखाल मोटर मार्ग के प्रस्ताव तैयार करवाकर उन्हें जिला प्लानिंग कमेटी में पारित करवाया और इन सभी सड़कों को मैंने प्रथम पंचवर्षीय योजना में शामिल करवा दिया। इस सब लिये मुझे तमाम जद्दोजहद करनी पड़ी। यहाँ तक कि पी.डब्ल्यू.डी. विभाग के मंत्री गिरधारी लाल को पालकी में उठाकर गढ़वाल के दुर्गम क्षेत्रों का दौरा करवाना पड़ा।

भारत जैसे देश में जहाँ अंग्रेज तमाम लूटमार मचाकर भागे थे, वहाँ यह आशा करना कि सबकुछ सरकार के भरोसे छोड़कर कोई योजना पूरी हो जाएगी, यह समझदारी भरा काम नहीं था। इसके बनिस्पत मैं जनता की ताकत देख चुका था। जनता में अपार शक्ति थी, सदियों से ढाकरी जीवन जीने वाली जनता की ताकत को निर्माण कार्य में लगाना था। मैंने स्वयं सब्बल उठाया और जनता को प्रेरित किया। जरूरतमंदों को श्रमदान के बदले गेहूँ देने की योजना बनाई। गाँव के गाँव सड़क निर्माण के कार्य में लग गए, देखते-ही-देखते बीरोंखाल तक सड़क की खुदाई हो गई। बड़ी चट्टानों और अत्यधिक पथरीले हिस्सों के कटान का

काम सरकार द्वारा किया गया। स्थानीय जनता और प्रशासन के सहकार से सड़कें कागजों से निकलकर वास्तविकता के धरातल पर मूर्तरूप लेने लगीं। बाद में, धुमाकोट-नैनीडाँडा-हल्दूखाल सड़क का निर्माण भी श्रमदान के बदले गेहूँ देकर किया गया। इस प्रकार, सहकारिता और श्रमदान से सड़कें तो बनने लगीं, किंतु एक और समस्या सामने आ गई।

सरकार के पास गाड़ियाँ नहीं थीं, नई-नई आजादी मिली थी, पैसे की भारी किल्लत थी। मैं पुनः जनता की ओर मुड़ा मैंने सल्ड महादेव, बीरोंखाल, बैजरौ और अधारियाखाल में जनसभाएँ कीं और 'जनता की सड़क पर जनता की गाड़ी' चलाने का प्रस्ताव पास करवाया। यह तय किया गया कि एक सहकारी सोसाइटी स्थापित की जाए। जनता के बीच 100-100 रुपए के शेयर वितरित किए गए। एक परिवार को एक ही शेयर खरीदने की अनुमति थी। यह कार्यक्रम एक आंदोलन की तरह फैल गया, इसमें मास्टर गुलाब सिंह रावत, झबर सिंह रावत, थानसिंह रावत, दरबान सिंह रावत का सहयोग प्रशंसनीय रहा, मैंने स्वयं गाँव-गाँव जाकर लोगों को शेयर बाँटे तथा धन इकट्ठा किया। अंत में, कोटद्वार में ठेकेदार आर्यदत्त पोखरियाल के सहयोग से चार सेकंड-हैंड गाड़ियाँ खरीदीं और इस प्रकार रामनगर-बीरोंखाल मोटर मार्ग पर गाड़ियों का आवागमन शुरू हुआ।

सरकार के पास गाड़ियाँ नहीं थीं, नई-नई आजादी मिली थी, पैसे की भारी किल्लत थी। मैं पुनः जनता की ओर मुड़ा मैंने सल्ड महादेव, बीरोंखाल, बैजरौ और अधारियाखाल में जनसभाएँ कीं और 'जनता की सड़क पर जनता की गाड़ी' चलाने का प्रस्ताव पास करवाया।

वर्ष 1957 में मैं पुनः लैंसडौन से विधायक निर्वाचित हुआ। पिछली पंचवर्षीय योजना के तहत शुरू की गईं अनेक छोटी-बड़ी सड़कें मूर्त

रूप लेने लगी थीं, किंतु हमारे पास वाहन नहीं थे, हमें यात्री-गाड़ियों की सख्त जरूरत थी और इन गाड़ियों की खरीद और इनके प्रबंधन के लिए एक स्थायी संगठन की भी। इसके लिए मैंने 'गढ़वाल मोटर यूजर्स ट्रांसपोर्ट सोसाइटी लिमिटेड' की स्थापना का प्रस्ताव रखा, इसका रजिस्ट्रेशन वर्ष 1958 में करवाया गया। जनता ने 2 लाख 38 हजार रुपए के शेयर खरीदे। मेरे यूजर्स के अध्यक्ष पद पर रहते-रहते हमारे पास गाड़ियों की संख्या बढ़कर 4 से 24 हो गई थी।

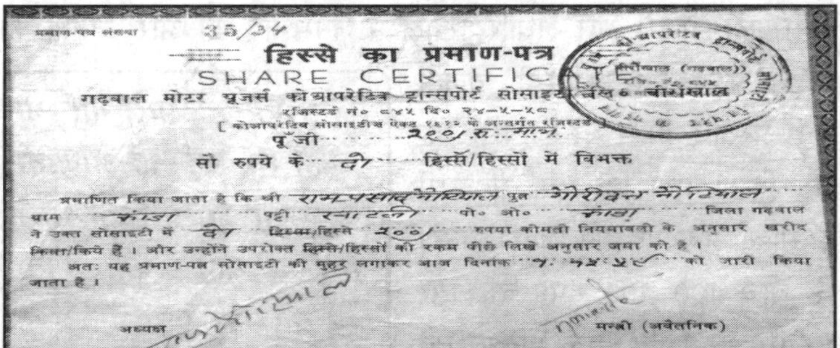

35/34

हिस्से का प्रमाण-पत्र

SHARE CERTIFICATE

गढ़वाल मोटर यूजर्स कोआपरेटिव ट्रान्सपोर्ट सोसाइटी लि० कोटद्वार

पूँजी ...... २००/रु० मात्र

सौ रुपये के ... दो ... हिस्से/हिस्सों में विभक्त

प्रमाणित किया जाता है कि श्री ... पुत्र ... ग्राम ... पट्टी ... पो० ऑ० ... जिला गढ़वाल ने उक्त सोसाइटी में दो हिस्सा/हिस्से २००/ रुपया कीमती नियमावली के अनुसार खरीद किया/किये हैं। और उन्होंने उपरोक्त हिस्से/हिस्सों की रकम पीछे लिखे अनुसार जमा की है।

अतः यह प्रमाण-पत्र सोसाइटी की मुहर लगाकर आज दिनांक ... को जारी किया जाता है।

अध्यक्ष मन्त्री (अवैतनिक)

गढ़वाल मोटर यूजर्स कोऑपरेटिव-ट्रांसपोर्ट सोसाइटी का तत्कालीन शेयर-पत्र

वर्ष 1958 में गढ़वाल में अकाल ने फिर से दस्तक दी। भुखमरी फैलने लगी। मैंने इस मुद्दे को विधानसभा में जोरदार ढंग से उठाया। प्रसिद्ध किसान नेता और मंत्री चौधरी चरण सिंह ने स्वयं हस्तक्षेप कर अनाज आपूर्ति करवाई। पहले-पहल बाजरा भेज दिया गया। गढ़वाल के लोगों ने बाजरे का कभी व्यापक इस्तेमाल नहीं किया था। इसलिए, मैंने इसका पुरजोर विरोध किया और अंत में गेहूँ-चावल की आपूर्ति सुनिश्चित करवाकर ही दम लिया। अनाज आपूर्ति की समस्या से निपटने के बाद, मैंने पुनः सड़क जाल की ओर ध्यान केंद्रित किया और नौगाँवखाल-पोखड़ा, दुगड्डा-ढौंटियाल-रिखणीखाल, मज्याड़ीसैण-कोलाखाल-पोखड़ा, शंकरपुर-नैनीडाँडा, किनगोड़ीखाल-गौलीखाल, हल्दूखाल-खदरासी, बंजादेवी-बुंगलगढ़ी-डाबरी, खिटोटिया-

रसियागाड़, क्वठिला–बाड़ाडांडा आदि सड़कें प्रस्तावित करवाईं। इनमें से कुछ पर काम भी शुरू हो गया था।

वर्ष 1967 में मैं एकेश्वर विधानसभा क्षेत्र से 'शेर' चुनाव चिह्न पर स्वतंत्र उम्मीदवार के रूप में निर्वाचित होकर विधानसभा पहुँचा। चंद्रभान गुप्ता मुख्यमंत्री बने, कुछ दिन बाद उन्होंने मुझे बुलाया और कांग्रेस में पुनः शामिल होने का आमंत्रण दिया। मैंने चंद्रभानजी के प्रस्ताव को स्वीकार करते हुए तीन शर्तें रख दीं। पहली यह कि डालागाँव खाल में बारह गाँवों के लिए पेयजल योजना स्वीकृत की जाए और दूसरा सतपुली–बैजरौ तथा डेरियाखाल–रिखणीखाल–बीरोंखाल मोटर मार्गों का निर्माण कार्य तत्काल शुरू किया जाए। तीसरी शर्त के रूप में मैंने 1 करोड़ 62 लाख रुपए की धनराशि मंजूर करवाकर जिले में सहकारी बैंकों और डी.सी.डी.एफ. की स्थापना की माँग की।

वर्ष 1967 में मैं एकेश्वर विधानसभा क्षेत्र से 'शेर' चुनाव चिह्न पर स्वतंत्र उम्मीदवार के रूप में निर्वाचित होकर विधानसभा पहुँचा। चंद्रभान गुप्ता मुख्यमंत्री बने, कुछ दिन बाद उन्होंने मुझे बुलाया और कांग्रेस में पुनः शामिल होने का आमंत्रण दिया। मैंने चंद्रभानजी के प्रस्ताव को स्वीकार करते हुए तीन शर्तें रख दीं।

यह बात सच है कि हिमालय से गंगा–यमुना जैसी अनेक छोटी–बड़ी सदानीरा जलराशियाँ निकलकर अधिकांश भारत वर्ष की प्यास बुझाती हैं, किंतु यह बात भी उतनी ही सच है कि इसी हिमालय पर स्थित अधिकांश पहाड़ी गाँव वर्ष भर पेयजल के संकट से जूझते रहते हैं। दुनिया को जलधाराएँ वितरित करने वाले मेरे पहाड़ के सैकड़ों गाँव प्रायः पानी की भयानक समस्या से जूझ रहे थे। अतः मैंने कई जगह पानी की छोटी–बड़ी टंकियाँ बनवाकर

गाड़–गदनों का जल संचय करने और तत्पश्चात इसे नजदीकी गाँवों को आपूर्त करने संबंधी अनेक परियोजनाएँ जिला/प्रदेश स्तर पर स्वीकृत करवाईं।

कुल मिलाकर, मैंने सहकारिता को आंदोलन का रूप दिया और इसे विकास का आधार बनाया। सहकारिता के माध्यम से जड़ी–बूटी विपणन, पशुपालन, खेती–किसानी और डेयरी विकास के प्रयास किए। इसी ज़न सहकार के बलबूते मैंने अपने सहयोगियों मास्टर गुलाब सिंह, थान सिंह रावत, शीशराम शर्मा, गीताराम पोखरियाल, विजय सिंह सजवाण, हरि शर्मा, चित्रसिंह नेगी, भैरव दत्त बौड़ाई, विजय सिंह नेगी आदि के सहयोग और श्रमदान द्वारा बीरोंखाल, धुमाकोट, किनगोड़ीखाल, हल्दूखाल, देवराजखाल, आधारियाखाल, सिद्धखाल, बड़खेत, कोठिला, वेदीखाल, ग्वीनखाल, कोटा–पाली में तमाम विद्यालयों की स्थापना के संबंध में प्रयास किए और उन्हें मूर्त रूप दिया। समय आने पर इन विद्यालयों को सरकारी मान्यता दिलवायी और उच्चीकरण करवाया।

विधानसभा सदस्य न रहने के बाद भी मैं जनता के बीच सक्रिय रहा और जमीनी स्तर पर हर गाँव को अर्थव्यवस्था की मुख्यधारा से जोड़ने के लिए जिला सहकारी बैंक की कई शाखाएँ खुलवाईं। वित्तीय समावेशन के इसी क्रम में लैंसडौन, बीरोंखाल, नौगाँवखाल, मोटाढ़ाक, नैनीडाँडा आदि विभिन्न जगहों में भी बैंक शाखाएँ खुलवाईं।

विधानसभा सदस्य न रहने के बाद भी मैं जनता के बीच सक्रिय रहा और जमीनी स्तर पर हर गाँव को अर्थव्यवस्था की मुख्यधारा से जोड़ने के लिए जिला सहकारी बैंक की कई शाखाएँ खुलवाईं। वित्तीय समावेशन के इसी क्रम में लैंसडौन, बीरोंखाल, नौगाँवखाल, मोटाढ़ाक,

नैनीडाँडा आदि विभिन्न जगहों में भी बैंक शाखाएँ खुलवाईं। कुछ दिन बाद डालागाँव खाल सहित लगभग एक दर्जन गाँवों में बाड़ाडॉडा से नल के माध्यम से स्वच्छ पेयजल पहुँचने लगा। इस योजना के ठेकेदार श्री खीमसिंह थे। लोगों ने झूमकर थड़िया गीत गाए—

"खीमसिंह ठेकेदारा
जुगराज रैयी।
बांजा जैड्यूँ कु ठंडो पाणी
बारा गौं मा लेयी॥"

(खीमसिंह ठेकेदार तुम जुग-जुग जियो, तुमने बांज-बुरांस के वृक्षों की जड़ों से निकलने वाला ठंडा पानी बारह गाँवों में पहुँचाया।)

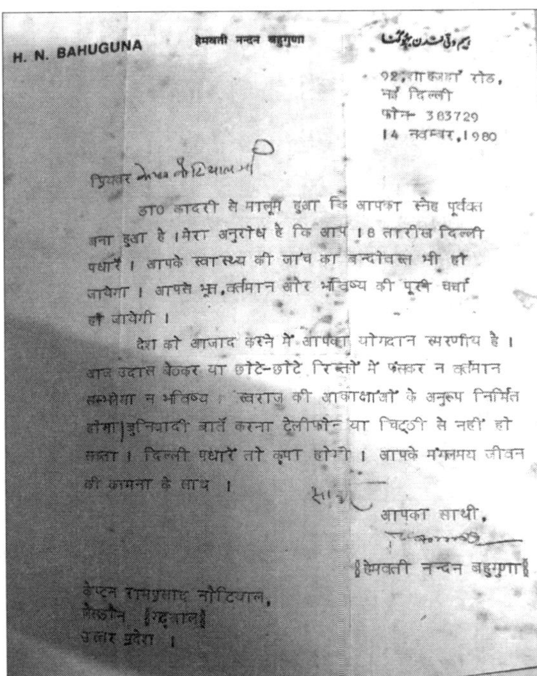

H. N. BAHUGUNA हेमवती नन्दन बहुगुणा

92, शाहजहाँ रोड,
नई दिल्ली
फोन- 383729
14 नवम्बर, 1980

प्रियवर कैप्टन नौटियाल जी

डा० कादरी से मालूम हुआ कि आपका स्नेह पूर्ववत बना हुआ है। मेरा अनुरोध है कि आप 18 तारीख दिल्ली पधारें। आपके स्वास्थ्य की जाँच का बन्दोबस्त भी हो जायेगा। आपसे भूत, वर्तमान और भविष्य की पूरी चर्चा हो जायेगी।

देश को आजाद करने में आपका योगदान स्मरणीय है। आज उदास बैठकर या छोटे-छोटे रिश्तों में फंसकर न वर्तमान सम्भलेगा न भविष्य। स्वराज की आकांक्षाओं के अनुरूप निर्मित होगा। बुनियादी बातें करना टेलीफोन या चिट्ठी से नहीं हो सकता। दिल्ली पधारें तो कृपा होगी। आपके मंगलमय जीवन की कामना के साथ।

आपका साथी,
[हेमवती नन्दन बहुगुणा]

कैप्टन रामप्रसाद नौटियाल,
पैठाणी [गढ़वाल]
उत्तर प्रदेश।

उत्तर प्रदेश के पूर्व मुख्यमंत्री हेमवती नंदन बहुगुणा द्वारा कप्तान नौटियाल को भेजा गया पत्र

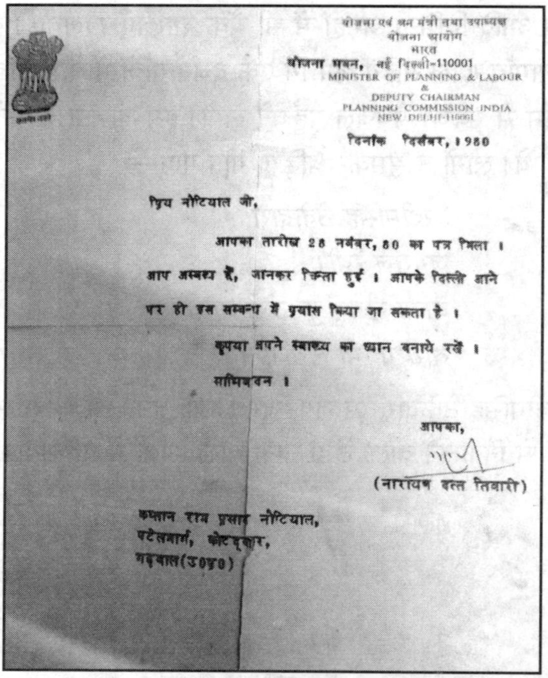

योजना एवं श्रम मंत्री तथा उपाध्यक्ष
योजना आयोग
भारत
योजना भवन, नई दिल्ली-110001
MINISTER OF PLANNING & LABOUR
&
DEPUTY CHAIRMAN
PLANNING COMMISSION INDIA
NEW DELHI-110001

दिनांक दिसंबर, 1980

प्रिय नौटियाल जी,

आपका तारीख 28 नवंबर, 80 का पत्र मिला। आप अस्वस्थ हैं, जानकर चिन्ता हुई। आपके दिल्ली आने पर ही इस सम्बन्ध में प्रयास किया जा सकता है।

कृपया अपने स्वास्थ्य का ध्यान बनाये रखें।

सभिवादन।

आपका,

(नारायण दत्त तिवारी)

कप्तान राम प्रसाद नौटियाल,
पटेलमार्ग, कोटद्वार,
गढ़वाल (उ०प्र०)

कप्तान रामप्रसाद नौटियाल को उत्तर प्रदेश के पूर्व मुख्यमंत्री नारायण दत्त तिवारी द्वारा भेजा गया पत्र

□

18

स्मृति

जीवनपर्यंत राष्ट्रसेवा में समर्पित रहे कप्तान रामप्रसाद नौटियाल के अंतिम वर्ष कोटद्वार में एकांत में बीते। बेवाक, निर्भीक, निष्पक्ष और निर्लिप्त प्रकृति के इस क्रांतिकारी को सत्ता उन्मुख राजनीति की उठापटक कदापि रास नहीं आई। एक ओर जहाँ देश-प्रदेश में तमाम चुनाव संपन्न होने के बाद अधिकतर राजनेता लखनऊ और दिल्ली में निजी स्वार्थ सिद्धि में लगे रहे, वहीं दूसरी ओर कप्तान रामप्रसाद नौटियाल ने विधानसभा सदस्य चुने जाने के बाद अपनी समस्त ऊर्जा केवल और केवल गढ़वाल की जनता के उत्कर्ष में लगा दी और गरीब पहाड़ी जनता के लिए जल-जंगल, रोजी-रोटी, बैंक, बिजली तथा सड़क संपर्क जैसी मूलभूत सुविधाएँ जुटाने हेतु संघर्षों के असीम सागर में कूद जाने वाला यह कप्तान तथाकथित 'मुख्यधारा की राजनीति' से धीरे-धीरे किनारे होने लगा।

आलम यह रहा कि लंबे समय तक बीमार रहने के बाद वर्ष 1980 के दिसंबर माह की 24 तारीख को लखनऊ के बलरामपुर अस्पताल में जब उनका देहांत हुआ तो उनके पार्थिव शरीर को उनके पैतृक गाँव भेजना तो दूर, सरकार उनके पूरे परिवार तक के लिए उनके अंतिम दर्शन की व्यवस्था तक नहीं कर पाई और लखनऊ में ही आनन-फानन में उनका अंतिम संस्कार कर दिया गया।

लखनऊ में भी उनकी अंत्येष्टि करने में इतनी जल्दबाजी दिखाई गई कि उनकी अंतिम यात्रा में उनके घर-खलिहान से केवल दो व्यक्ति ही

शामिल हो पाए। गढ़वाल की माटी की सेवा करने की इच्छा लिए तमाम प्रभावशाली पद ठुकराकर पंत और नेहरू जैसे दिग्गज राष्ट्रीय नेताओं से सीधे भिड़ जाने वाले इस क्रांतिकारी को अंतिम समय में अपने तिथाण की माटी और अपनी नयार के पाणी तक का स्पर्श नहीं मिल पाया।

और यह सब घटनाक्रम तब हुआ, जब तत्कालीन उत्तर प्रदेश में दिसंबर 1980 में विश्वनाथ प्रताप सिंह के नेतृत्व में कप्तान रामप्रसाद नौटियाल के अपने ही दल की सरकार थी और केंद्र में भी श्रीमती इंदिरा गांधी जैसी कद्दावर नेता विराजमान थीं।

और यह सब घटनाक्रम तब हुआ, जब तत्कालीन उत्तर प्रदेश में दिसंबर 1980 में विश्वनाथ प्रताप सिंह के नेतृत्व में कप्तान रामप्रसाद नौटियाल के अपने ही दल की सरकार थी और केंद्र में भी श्रीमती इंदिरा गांधी जैसी कद्दावर नेता विराजमान थीं।

हालात आज भी नहीं बदले हैं, गढ़वाल क्षेत्र से तमाम मुख्यमंत्री हुए और लगभग ये सभी वोट माँगने उनके जन्मस्थल से एक किलोमीटर दूर मुख्य सड़क तक तो आते रहे, किंतु चंद कदम चलकर उस उजड़े हुए मकान की सुध नहीं ले सके, जहाँ इस महान क्रांतिकारी का जन्म हुआ। यहाँ तक कि कुछ वर्ष पूर्व ही अपने भाषण में कप्तान नौटियाल के संबंध में जिक्र करते हुए एक पदस्थ मुख्यमंत्री उन्हें बार–बार शहीद कहते रहे और उपस्थित नेतागण किंकर्तव्यविमूढ़ होकर सुनते रहे। संभव है, उन्हें शहीद और स्वतंत्रता सेनानी में अंतर न पता रहा हो या उन्होंने देश की आजादी लिए अपना सर्वस्व न्योछावर कर देने वाले और इस संघर्ष के दौरान 10 वर्ष से भी अधिक समय जेल की सलाखों के पीछे बिताने वाले इस जननायक के बारे में जानकारी प्राप्त करने के लिए 10 मिनट बिताना भी आवश्यक न समझा हो।

खैर, भारत के लौह पुरुष सरदार वल्लभ भाई पटेल ने तमाम रियासतों के एकीकरण का जो कार्य भारत को स्वतंत्रता प्राप्त हो जाने के बाद किया, रामप्रसाद नौटियाल ने गढ़वाल में अंग्रेजों के विरुद्ध तमाम थोकदारों और मालगुजारों की थोकदारियों और मालगुजारियों के एकीकरण का यही कार्य स्वतंत्रता पूर्व कर दिया था।

ऐसे काल-खंड में जब आज की तरह सड़कें, मोटर-गाड़ी और संचार के साधन उपलब्ध नहीं थे। कप्तान रामप्रसाद नौटियाल ने गढ़वाल-कुमाऊँ के दुर्गम और कठिन पहाड़ी क्षेत्र में क्रांतिकारियों का मजबूत संगठन कायम किया और उसका बेहतरीन ढंग से संचालन किया।

वर्ष 1942 के 'भारत छोड़ो आंदोलन' में गढ़वाल को नेतृत्व प्रदान करनेवाले इस नायक ने जब चटगाँव की तर्ज पर लैंसडौन को अंग्रेजों के चँगुल से मुक्त कराने के लिए एक डग भरा तो ऊँचे पर्वतों और गहरी घाटियों से कोटि-कोटि जनसैलाब पीछे-पीछे उमड़ पड़ा। गुजडू का किसान आंदोलन हो या पाटीसैंण और श्रीनगर में हजारों लोगों को घंटों मंत्र-मुग्ध कर जमाए रखना।

वर्ष 1942 के 'भारत छोड़ो आंदोलन' में गढ़वाल को नेतृत्व प्रदान करने वाले इस नायक ने जब चटगाँव की तर्ज पर लैंसडौन को अंग्रेजों के चँगुल से मुक्त कराने के लिए एक डग भरा तो ऊँचे पर्वतों और गहरी घाटियों से कोटि-कोटि जनसैलाब पीछे-पीछे उमड़ पड़ा। गुजडू का किसान आंदोलन हो या पाटीसैंण और श्रीनगर में हजारों लोगों को घंटों मंत्र-मुग्ध कर जमाए रखना। अंग्रेज डिप्टी कमिश्नर को कॉलर से पकड़कर पीट देने का साहस हो या जेल में ही भूख हड़ताल कर प्रशासन को झुका देने का दमखम; कप्तान साहब वास्तव में एक कप्तान की तरह ही जिए।

स्वतंत्रता के बाद गढ़वाल क्षेत्र में तमाम सड़कों, बैंकों, पुलों, स्कूलों और पेयजल परियोजनाओं के जाल में रची-बसी उनकी स्मृतियों पर सत्ता के रहनुमाओं की उदासीनता के कारण कुछ दिनों के लिए तो धूल जमी रह सकती है, किंतु अब युवा भारत की दृष्टि से उसके ऐसे सच्चे नायकों को अधिक समय तक ओझल रख पाना संभव नहीं होगा।

ग्राम कांडा, बीरोंखाल (गढ़वाल) स्थित कप्तान नौटियाल का जन्मस्थान, जो अब खँडहर में तब्दील हो चुका है

जन्मस्थली के खँडहर पर खिले फूल, मानो प्राकृतिक न्याय की घोषणा कर रहे हों

□□□